頭の中を整理して見える化する方法

構造化思考のレッスン

STRUCTURED THINKING

荒木博行
Hiroyuki Araki

Discover

ピンポーン！


僕は突然のチャイムの音に我に返った。

「あ、もうこんな時間だ……！」

日曜日の午後、僕は自宅で週明けのタスク処理に向けた準備をしていたところだった。気づけば作業に入ってから2時間が経っている。しかし、一向に準備は進んでいない。

僕は自分の作業の遅さに苛立ちを覚えながらも、ドアの覗き穴越しに訪問者を確認した。どうやら宅配らしかった。

「何か頼んだっけな？」

受け取った荷物は、電子レンジくらいのサイズで、ずっしりと重たかった。

送り主を確認したが、その名前に覚えはない。何かの間違いかもしれないと思いながら、おそるおそる封を開けてみた。

「な、なんだこれ？」

僕は一人暮らしのワンルームマンション内に響く素っ頓狂な声を挙げた。

それは、白く四角い超合金のおもちゃのようでもあり、家電製品のようなたたずまいでもあった。

配達ミスか何かだろうと思いつつも、好奇心を抑えられなかった僕は、その製品をゆっくりと箱から取り出してみた。すると、箱の底に送り状のようなものが入っているのを発見した。

山本隆様　当選おめでとうございます！

あなたはこのたび応募されました論理構造化AI「コウゾウVer.1」のモニターキャンペーンに当選されました。

3ヶ月のモニターとなります。

3ヶ月の間、コウゾウを思う存分お使いください。そのうえで、使い勝手やリクエストをフィードバックいただくようお願いします。

なお、モニター期間におかれましては、

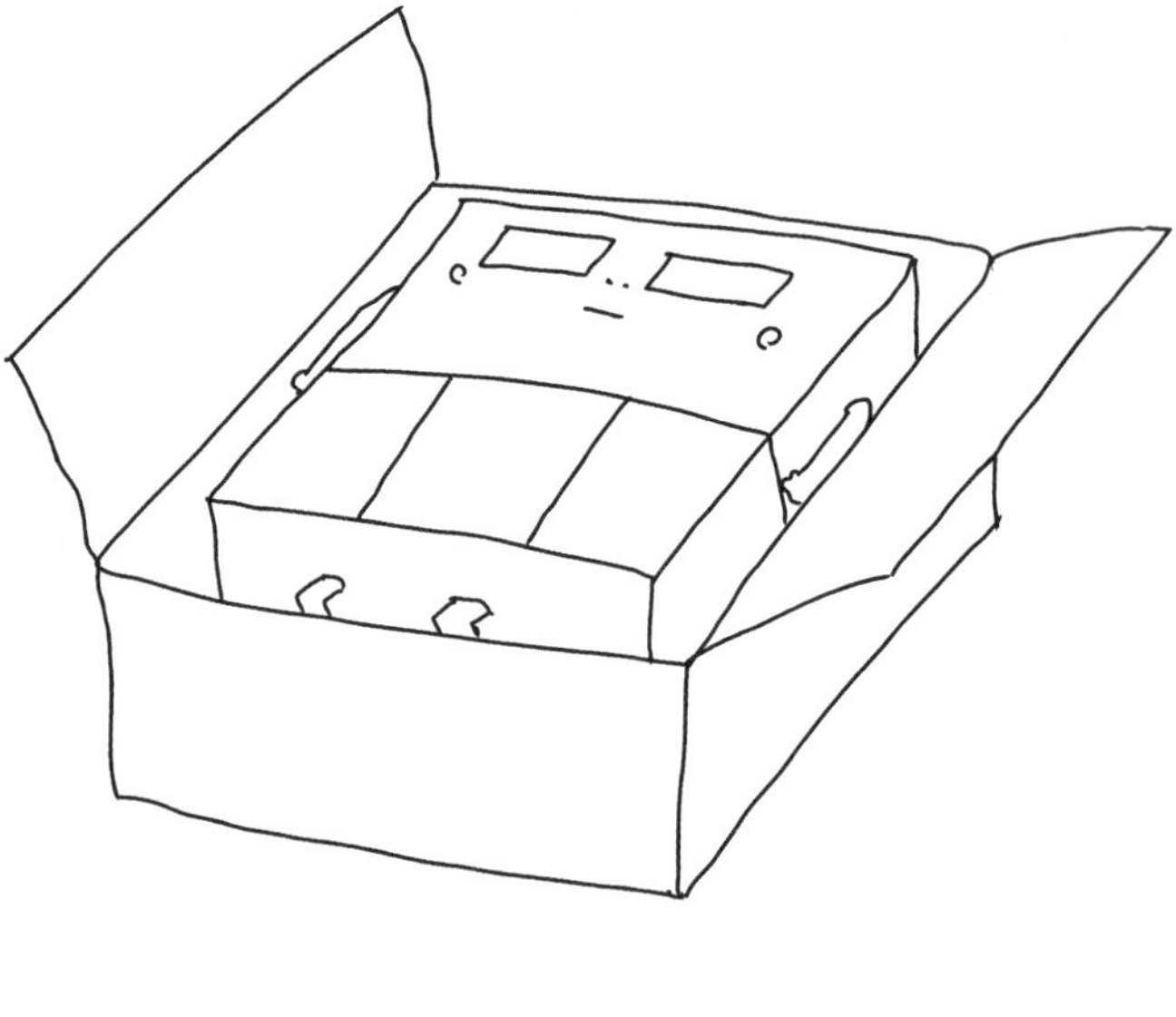

ＳＮＳやメディア等を通じてコウゾウの存在を明かすことを禁止しております。

つきましては、公の場ではなく、あくまでもご家庭内の使用にとどめていただくようお願いします。

詳細につきましては、添付の契約書をご覧ください。

そうだ。そういえば、そんなのに応募した記憶がうっすらと蘇ってきた。

「あなたの考えを構造的に整理できるＡＩロボットのモニター募集中！」という広告がＳＮＳのタイムライン上に流れてきて、思わずクリックしてしまったのが始まりだった。

この４月で社会人２年目になった僕は、新人社員の後輩も迎えて、心機一転、頑張っていくつもりだった。しかしその気合は空回りして、早々に失態を犯してしまう。

依頼されていた会議の議事録をSlackで展開したところ、メンターである矢崎さんからダイレクトメッセージを通じてこんな指摘を受けてしまったのだ。

「山本さん、ちょっと待ってください。なんでこんな整理をしているんですか？　大事な営業方針の議論についてはどこに書いてあるんですか？ その一方で、あまり議論をしていない数字報告の件がなぜこんな大きな項目で取り上げられているんでしょう？？？」

「？」の数は、矢崎さんの苛立ち度合いのバロメーターだ。本人はかなり感情を抑えた表現をしているらしいが、この「？」の連続が圧を与えていることに本人は気づいていない。言葉は丁寧だし、決して敬語を崩すことはないが、それだけに不気味な威圧感がある。

そして、僕はこの1年間、矢崎さんからのこの「？」の洗礼を受け続けてきたのだった。正直これは精神を蝕む。そして、ここで返信をしないと、「山本さん、これ、どういうつもりなんですか？ 指導してきましたが、その内容を理解していないんですか？ 至急直してくれませんか？？？」というさらなる「？」地獄が待ち受けていることを知っている。

だからこそ、とにかく早めに対応しなくてはならない……。

一次対応としては「大変申し訳ありません。至急修正します」という2行の文章を送ればいいのだが、そのときの僕は精神力を使い果たしていて、レスポンスどころかSlackを立ち上げる気力すら残っていなかった。

そして、そんなとき僕はいつもＳＮＳに現実逃避していたのだった。

ネコだ。そう、ネコは僕を癒してくれるのだ。

ＳＮＳは、僕のことをよく理解してくれている。アプリを開けば、僕のお気に入りのネコちゃんのショート動画が流れてきて、荒んだ気持ちを落ち着かせてくれる。

ふう……。ネコちゃんをさんざん見て一息ついた、そのときだった。見慣れない投稿が、僕の目に留まったのは。


そこには、「あなたの考えを構造的に整理できるＡＩロボットのモニター募集中！」という文字があった。

「あ、これは広告か……」

広告とわかれば普段はスルーするものだが、このときはなぜかここで手が止まった。

「考えを構造的に整理できるＡＩロボットだと……？」


僕の興味は、いつのまにかその広告へと移っていった。

気づけばそのサイトをクリックし、そしてモニター募集の申し込みをしていたのだ。

いつもの僕だったら、怪しくてそんなことはしないだろう。

しかし、そのときの自分は、精神的にちょっとやばい状態だったのだ。

そして、またSlackの着信音でふと我に返った。まずい、矢崎さんからのメッセージだ！

直観的にそう思った僕は、気力を振り絞ってメッセージを確認した。

そこには予想どおりの言葉が並んでいた。

「山本さん、メッセージ見てますよね？？？あの議事録、どういうつもりで出したんですか？？？内容を確認して出したんですよね？？？」

僕は一気に現実に引き戻され、緊張のあまり痺れる手先に力を入れながら、返信を書いた。

「大変申し訳ありません。至急修正します」

それ以降、今日まであのモニターキャンペーンのことを思い出すことはなかった。

まさか当たるとは思ってなかったし、そもそも申し込んだことすら忘れていたのだ。

僕は、そんな過去の経緯を思い出し、このロボットを返送しようと思った。

こんなものを試している余裕はないし、そもそも機械オンチの僕に使いこなせるはずがない！

……と思ったのだが、目の前にあるロボットに、僕は好奇心が抑えられなかった。

どこか愛くるしさの残る、その形。

「これ、実際に動くのかな?」

僕はそのロボットをビニールから出し、おそるおそるスイッチを入れ、そしてWi-Fiに接続してみた。

そのロボットは、Wi-Fiを受信すると急に目をくるっと回転させ、おもむろに言葉を発した。

「Hello, welcome to KOZO world! I'm KOZO!」

クリス・ペプラー並みに深く渋い声の英語に、僕はびっくりした。

お腹にあるディスプレーを見ると、使用言語や声の質などが選べるらしい。

僕は日本語を選択し、声は小さい男の子に設定した。このビジュアルで、この渋い声はかなり違和感がある。

「こんにちは。はじめまして。僕はコウゾウです」

そのロボットは、小学生の男の子の声で話し始めた。

「や、やあ。僕は山本隆。タカシだよ」

何を話したらいいかわからない僕は、とりあえずぎこちなく自己紹介した。

「タカシくんですね。よろしくお願いします」

「あ、ああ。よろしく」

しかし、このロボットは何をしてくれるのだろう？ 説明書は同梱されているのだろうか？ 箱の底を探そうとしているところに、コウゾウはまた言葉を発した。

「タカシくんの悩みは何ですか？ お役に立ちますよ？」

え……。そうだった。確かこのロボットは、「考えを構造的に整理してくれる」という触れ込みだった。

悩みか……。しかし、そんな真正面から聞かれると困ってしまう。

正直いえばメンターの矢崎さんを何とかしてほしいのだが、ロボットにそんなことを言っても仕方ないだろう。

「あ、コウゾウは、考えを構造的に整理してくれるんだよね？　僕はどうやらそれが超苦手みたいなんだよ。だから、考えを構造的に整理するための基本的な頭の使い方をわかりやすく教えてくれるかな？」

僕は、どうせ無理だろうと思いつつ、コウゾウがどれくらいのものかを確かめるためにも、そんなお題をまずは出してみた。


「わかりました。お安いご用です」

コウゾウは嬉しそうに微笑んだ。

こいつはかわいい！

相手がロボットだと思いつつも、僕はその反応だけで嬉しくなってしまった。

僕はそのときまで、コウゾウの力を知らなかった。このロボットはかわいいだけではなかったのだ。

CONTENTS

Chapter 3

構造を表現する

Chapter 6

『構造化思考のレッスン』ダウンロード特典

本書をご購入くださった皆さんに、

著者の荒木博行さん描き下ろしの4コマ漫画

をプレゼント！

▼ アクセスはこちらから！

ID	discover3126
パスワード	kozoka
URL	https://d21.co.jp/formitem

- 上記よりご登録いただいたメールアドレスにPDFデータをお送りいたします。
- 本特典は事前の通告なしにサービスを終了することがあります。

STRUCTURED
THINKING

Chapter 1
構造化とは何か?

「構造化」とは何か？どんなメリットがあるのか？

「では、説明しましょう。最初に確認したいのは、構造化とは何か？ということです。タカシくんは構造化とは何だと思いますか？」

「え、えーっと。あれだよ。物事を……こ、構造的に整理するということ、かな」

相変わらずグダグダだ。構造化を説明するために、構造的という言葉を使ってしまっている時点でアウトだ。僕はこの手の抽象的な質問には弱いのだ。

「いいですね！うんうん。いい感じです。物事を整理するんですよね」

コウゾウはちゃんと受け止めて、精一杯ポジティブに返してくれた。

こいつデキる……。僕はそう直感した。

「タカシくんの定義もいいですが、僕はひとまずこのように定義したいと思います。それは、

『複雑なモノや情報を、目的に最適な形で、視覚的にわかりやすくまとめること』

です」

そして、コウゾウは自分の目から、壁に向かってその言葉を映写した。

え？　目がプロジェクターになっている……？　なんと便利な機能なんだ！

僕は驚きを抑えて、投影された言葉を見返した。

「目的に最適」か……。どういうことだろう？

「はい、ここでまず注目したいのは、『目的に最適』という言葉です」

コウゾウは僕の心の中の独り言がわかっているように補足していく。

「何でもやみくもにマトリクスに整理したがる人がいますが、その整理が目的に沿っていなければ、単なる自己満足です。**大事なことは『何のために構造化するのか』、それを押さえることです。**目的に即していれば、どう表現しようが自由です。構造化で忘れてはならないのが、**『目的への最適性』**なのです」

複雑なモノや情報を
目的に最適な形で
視覚的にわかりやすく
まとめること

そうか……。正直、僕は目的なんて考えたことがなかった。

考え込む僕を見ながら、コウゾウは続けた。

「そして、もう一つの注目点は『**視覚的**』ということです。物事を深く考えるためには、その考える対象を目に見える状態にする必要があります」

うん、確かにそうだ。

「たとえば、タカシさんに悩みがあるとして、その悩みを頭の中だけで考えているだけでは、おそらく本質的な解決策までは辿りつかないでしょう。たぶん思考はぐるぐると同じところを回りはじめて、『やっぱり無理だ!』となってしまうはずです」

まさに自分のことを言われているようで、僕はハッとした。僕はいろんなことで悩んでしまうのだが、視覚的に問題を捉える習慣はなかったのだ。

「もし、頭の中にあるモヤモヤとしたものを、ノートやホワイトボードなどに視覚可能な状態に整理することができれば、そのぐるぐる回転をストップさせ、より深く考えることができます」

コウゾウの声は幼いが、言っていることにはベテランの深みがある。このギャップにまだ混乱している自分がいる。

「思考が頭の中にあるうちは、その思考は動的に変化していってしまうため、それを深めるのはとても難易度が高いです。しかし、その内容を視覚化することで、思考の変化をストップさせ、静止画像として捉えることができるのです」

思考を「動画」ではなく「静止画」として捉える——その言葉が腑に落ちた。静止画で立ち止まってじっくり考えることはほとんどなかった気がする。いつも動画的に考えてしまっていた。もし考えを視覚化できれば、落ち着いて腰を据えて考えることができるのか。僕は構造化の効果をあらためて理解した。

「さらに、考えたことが視覚的に整理されると、それを考えた人が自分であっても、客観的に考えることが可能になります」

コウゾウは再びゆっくりと語りはじめた。

「たとえば、仕事に対する不平不満が溜まっていたとします。そんなときは、自分が何に対して不平不満を抱えているのか、それをノートとペンを使って書き出し、その原因と結果の関係を、簡単でもいいので視覚的に整理してみるのです。そうしたらどうなると思いますか？」

「うーん、視覚的に捉えると、客観的になることができる……ということかな？」

「そうです。自分が紙に書いたものは、書いた瞬間に自分から切り離されて、『紙に書かれた概念』になります。その瞬間、私たちは自分の考えに対して客観的になることができるのです。そうすれば、よりフラットな目線で『どうしたらこの状況を改善できるか？』という問いが浮かび上がってくるはずです」

「なるほど。自分の考えが視覚化されることによって、主観性が弱まり、客観性が高まるのか……。つまり、思考が自分の外側に見える状態に置かれると、『自分』と『自分の思考』が切り離されて、どこか他者の考えのように批判的に考えることができる、ってことか」

「さすがです。まさにそのとおり。構造化とは、複雑なモノや情報を、目的に最適な形で、視覚的にわかりやすくまとめることだとお伝えしましたが、それができるようになれば、**自分の考えを客観的に見つめることができるようになる**ということでもあります」

ようやくコウゾウの言わんとしていることが理解できた。

「ひとたび構造化思考が身につけば、公私を問わず、さまざまな事象に対して一段と深く考えられるようになるでしょう。それは、たとえば会議のような場面でも、自分のキャリアの方針検討のタイミングでも、営業戦略でも、自分の時間の使い方でも、パートナーとのイザコザの解決でも。自分の考えにまとまりがつかないときであれば、いつでも使える技術なのです」

そんなに効果が大きい思考法なのであれば、すぐにマスターしたい! 僕はそんな気持ちになった。

構造化思考とクリティカル・シンキング

「ところで、タカシくんはクリティカル・シンキングという言葉をご存じですか？」

「あ、うん。ちょっと聞いたことがあるよ」

「日本では、グロービスというビジネススクールが『ＭＢＡクリティカル・シンキング』という書籍と『クリティカル・シンキング』という看板講座をつくったことで知名度を広めたとも言われています。その講座はかなり多くの人が受講されているらしいことからも、多くの人に関心のあるテーマだとわかりますね。今ではたとえば武蔵野大学アントレプレナーシップ学部の授業など、大学の講義にも組み込まれているようですよ」

そうなのか。確かに、職場の先輩たちもグロービスで受講していたと聞いた記憶がある。

「では、このクリティカル・シンキングと『構造化』はどういう関係なのか、わかりますか？」

「いや、僕はその『クリティカル・シンキング』の正体がわかっていないので……」

何とも無茶な質問だと思ったが、コウゾウはさらなる問いかけをしてきた。

「確かにそうかもしれませんが、自分でちょっと考えてみましょう。ヒントは今までの会話の中にありますから」

え……どういうこと？全くわからない。クリティカル・シンキングと構造化の関係性だと？？

「じゃあ、大ヒントです。クリティカル・シンキングを日本語に訳してみましょうか」

「えーっと、批判的な思考……かな？」

「正解。さすがです！」

コウゾウは短い腕と手で拍手をした。ロボットの拍手は初めて見た。

「あ！そうか」僕はひらめいた。

「さっき、自分で構造化するから批判的に物事を見ることができる、って自分で言った気がする。ということは、自分の考えを構造的に整理するから、批判的に、つまりクリティカルに考えることができるってことか！」

「そうなんです。だからその関係性の観点からは、**構造化思考とは『クリティカル・シンキングを実践するための思考ツール』**ということができますね」

構造化があるから批判が可能になる。そういう関係なのか。

「クリティカル・シンキングとは、その名のとおり、既存の考えに対して批判的に考えるためのアプローチです。本当にこの根拠は正しいのか？　バイアスに囚われてしまっていないか？　そもそもこの問いは適切なのか？　このように、自分が正しいと思った考えに徹底的にツッコミを入れるわけです。そのプロセスを通じて、より力強いメッセージをつくりだしていくのです」

なるほど。

「そして、その批判のために必要なのは、批判の対象となる存在を『構造的に』整理しておくことです。過度に細かすぎもせず、一方で大雑把すぎでもない。余分なノイズが排除されて、ちょうどいいレベルに整理されているから、そこに対して批判的に考えることができるのです」

そうか。裏を返せば、構造化のスキルなくしてクリティカル・シンキングを実践することは難しいのだ。

ぼんやりしていては批判しようがない。まずは対象とすべき事象を端的に構造化する。これができて初めて僕たちはそれを明晰に批判することができるのか。確かにこれは大事なスキルセットだ。

ということは、コウゾウはクリティカル・シンキングのベースとなる構造化思考を教えてくれるのか……？

だとしたら、このモニターキャンペーンはものすごいラッキーだったのではないか？

僕はちょっと前まで返品しようと思っていたことを忘れて、興奮していた。

コウゾウはそんな僕の表情を見ながら、僕の感情を読み取っているようにも見える。何となくヒトのように感じてしまうけど、やはりこいつはロボットなのか。まだ少し混乱している。

ふと時計を見ると、宅配便が届いてから2時間くらいが経過していた。

その前までは、1人で仕事が進まなくて苦悩していたところだった。しかし、もしコウゾウが力を貸してくれるのであれば……。

僕はこれからの展開にちょっと期待を感じていた。

STRUCTURED THINKING

Chapter 2

構造化の5P

僕はコウゾウを凝視していた。気づかなかったが、どうやら背中にＵＳＢ－Ｃの受け口がある。そこから充電するのだろう。充電はどれくらい持つのだろう？そしてＡＩはどこのものを使っているのだろう？音声認識もかなり優秀で、会話も流暢で違和感は全く感じない。


「タカシくん、どうかしましたか？」

コウゾウは僕の視線に何かを感じたのだろう。このあたりの反応もとても優秀だと思いつつも、コウゾウのレクチャーの続きを聞きたいので視線を元に戻した。

「何でもないよ。自分の考えに対して批判的に向き合うために、構造化というスキルが重要だということは理解した。でも、構造化って具体的に何をすることなんだろう？というのが、僕が聞きたいことかな」

「はい、やはりそこですね」

「たとえば僕の同期に高崎ってやつがいるんだけど、あいつは本当にすぐに物事をパッと整理しちゃうんだ。悔しいけど、あいつの頭の使い方を理解したいんだよね」

「よくわかります。実はその考え方って、一つの法則があるんですよ。即興で書かれたホワイトボードの構造でも、実はそのわずかな時間の間に法則が押さえられているはずなんです」

「おお。そうそう、そういう話を聞きたかったんだ！」

「でも、ちょっと待ってもらってもいいですか?」

コウゾウはなんだかお尻のほうをモゾモゾさせはじめた。そして、しばらくした後に、ほっと落ち着いた柔らかな表情をした。

「どうしたの?」

「あ、いや、今充電しているんです……。ちょっと長くしゃべりすぎて、充電が10%を切っていたので。しばらくは壁からあまり離れられませんのでご理解ください」

そうだったのか。しかし、すごいな。確かに、ルンバやLOVOTは充電が足りなくなったら自分で充電に入る機能があったが、今は自分で自分にケーブルを挿して勝手に充電しちゃうのか。

「失礼しました。では本題にいきましょう。僕がタカシくんに伝えたいことは、『**構造化の5P**』というフレームワークなんです」

「構造化の5P？　マーケティングの4Pは聞いたことあるけど、有名なの？」

「いや、全く有名ではありません。どうやら荒木博行さんという方が考えたようなのですが、イマイチ浸透してないですよね。でも、とても良いコンセプトだと思うので、ここで紹介したいと思います」

荒木博行……？　どこかで聞いたことがあるような気もするが、まあいい。

「5つのPを一つずつ考えていくことにより、しっかりとした論理構造をつくることができるようになるのです。今のタカシくんにはピッタリくると思いますよ。ちなみに5Pとは……」

と言いながら、コウゾウはまた目から映写した（図1）。

おお、確かに頭文字にPが5つ揃っている。これは直感的に覚えやすそうだ！

「この5つのPが5Pの正体です。ではこれから、その5つのPの正体を一つずつ確認していきましょう」

図1　構造化の5P

Purpose	：目的（何のために構造化するのか？）
Piece	：断片（具体的には何があるのか？）
Perspective	：視点（目的と断片をつなぐキーワードは？）
Pillar	：支柱（どのくらいの単位でまとめるのか？）
Presentation	：表現（最適なビジュアル形式は？）

Purpose

構造化のための「目的」

「最初のPは『Purpose』か。これは想像がつく。構造化の定義でも『目的』という言葉が出てきたもんね」

「はい、そのとおりです。**構造化を考えるにあたって何より重要なのは、『誰とどんな場面で活用するために構造化するのか?』、つまり『目的』です**」

「うん……、目的が大事だということはよくわかるけど、当たり前すぎてピンとこないや。どういうこと?」

「つまり、Purposeをどのように定義するかによって、何が正しい構造なのか、という意味が全く変わってくるのです」

そう言って、コウゾウは斜め上を見上げた。ロボットでも何かを考えるときは人間と同じ仕草をするのか。これは学習の結果なのか、もともとそういう仕草をインストールしていたのか、どっちなのか気になった。

「たとえば、タカシくんは、僕が来る前はどんな仕事に取り組んでいたのですか？」

そうだった。卓上のパソコンは開けっぱなしだ。僕は突然の宅配便で、仕事が中途半端なままだったのだ。

「あ、そういえば、僕は週明けのタスクの優先順位を考えていたんだよ。まさにその優先順位を構造的に整理しようとしていたところだった」

「なるほど。じゃあ、タスクの優先順位を構造化することはなぜですか？ つまり、それを誰かに見せる必要があったのか、それとも自分の頭の整理のためなのか……？」

「ああ、そういう意味でいえば、今回の構造化は完全に自分のためだよ。別に誰かに見せるものでもない」

と言いながら、その構造化したものを別の用途にも使えるかもしれない……という考えが浮かんできた。

「う～ん、たとえば、自分の上司に自分の仕事がどれだけ大変かを示して、業務量削減を交渉するためってことも考えられるかもしれないな」

僕は独り言のようにつぶやいた。

「はい、そういう使い道もありますよね。さて、ちょっとイメージしてほしいのですが、**『自分のための構造化』と『上司と交渉するための構造化』は、どちらも同じく『タスクの構造化』ですが、どちらを目的とするかによって、どういう視点で整理するか、どう表現するかが変わってくるはずなんです**」

ん……。確かに違いそうだ。でも具体的にはどんな違いが出てくるのだろう？

「自分の頭の整理のためにタスクを整理するのであれば、たとえば『緊急度×重要度』で構造的に整理するのがわかりやすいかもしれませんね。理由、わかります？」

「え……、たぶん、緊急かつ重要なタスクを浮き彫りにすることができれば、そのタスクから先に着手すべきだから、かな」

「そうです、そうです。さすがです！」

コウゾウはいちいち大袈裟にリアクションする。

「でも、上司とタスク量削減を交渉することをPurposeにするのであれば、違う整理になるはずです。たとえばどんなことが考えられますか？」

僕は上司との面談を想像してみた。

「うーん、何だろう……？」

「たとえばですが、『タスクの工数×組織へのインパクトの大きさ』のような視点はどうでしょう？」

「おお、何か良さそうな気がする！」

「ちなみにそれはどうしてですか？」

「何となくだけど、かかる工数が大きく、そしてインパクトの大きい仕事が溜まっていることを視覚的に表現できれば、自分の抱えるタスクの大変さや、組織にとってのリスクを示すことになるから……かな」

「おお、まさにそうだと思います！」

コウゾウは手を今度はパチパチさせながら喜んでくれた。

腕は短そうだったが、ゴム製なのか、どうやら伸び縮みするらしい。

そうして、僕はPurposeの意味合いを理解できた気がした。

「つまり、タスクを構造化する、という行為であっても、何の目的で構造をつくるのかによって、構造表現は変わってくるんだね」

僕は話しながら、先ほどコウゾウが言ったことと同じことを語っていることに気づいた。

「うん、よく理解できたよ。だけど、Purposeを考えるためには、何を押さえればいいっていうポイントはあるの？」

「はい。大事なことは、Purposeそのものの解像度を高めることです」

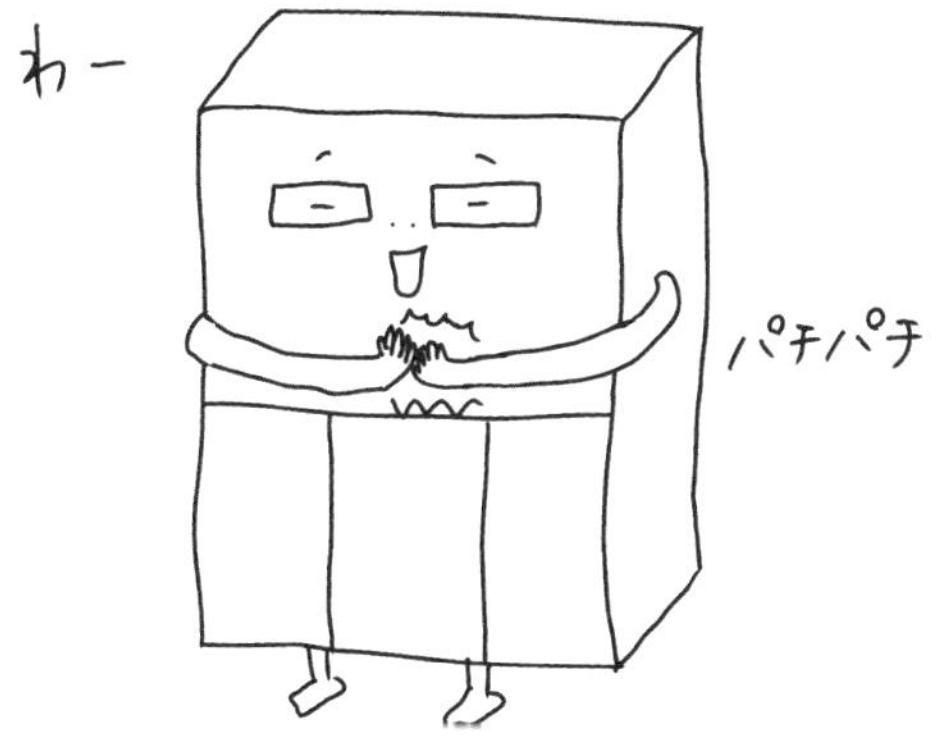

「解像度を高める？」

「はい、**解像度を高めるというのは、Purposeをさらに分解して、『誰が』『いつ』『誰と』『何をするために』その構造を使うのか、をしっかりと想像してみることです**」

「ん？　たとえば、どういうこと？」

「あ、ちょっとわかりにくかったですかね。じゃあ先ほどのタスクの優先順位の件でいえば、こういうことをちゃんと言語化することです」

そう言いながら、コウゾウは映写をした（図2）。

「誰が」「いつ」「誰と」「何をするために」か……。しかも、「誰が」の欄には、単に「自分が」というだけでなく、どんなシチュエーションにあるかも補足的に書かれているのが印象的だ。

図2　構造化の目的（Purpose）の解像度を高める

誰が	タスクが溜まりすぎて 上司に叱責を受けそうな自分が
いつ	今
誰と	自分だけで
何をするために	早く取りかかるタスクを決めるために

「ちなみに、先ほど可能性として話してくれたほうは、こんな形のPurposeとして表現できます（図3）」

「うーん、言いたいことはわかるんだけど、ここまで書かなきゃダメなのかな？　正直面倒くさい……」

「はい……。まあ気持ちはわかります。書かなくたって頭でわかるというのであれば、それでいいです。しかし、構造表現というのは引力が強く、いろいろ細かくしたくなったり、緻密な表現をしたくなったりするものなんです。で、本来の目的から離れて余計なことまでやってしまう」

確かにその手の指摘はよく受ける。「何のための資料なんだ？」とよく怒られる。気づかぬうちに目的を忘れて、どうでもいい細部にこだわっちゃったりしてるんだよな……。

図3　構造化の目的（Purpose）の解像度を高める（別バージョン）

誰が	タスクが溜まりすぎて 上司に叱責を受けそうな自分が
いつ	1週間後の1on1で
誰と	上司の立川さんと
何をするために	タスク量削減の可能性を議論するために

「だから、いつどんな場面で使うんだっけ？ということをちゃんと可視化しておけば、余計な手をかけずに省力化できるんです」

「省力化のため、なんだ」

「実際にはそうですね。この最初のＰの段階でちゃんと杭を打っておけば、後に控えている４つのＰを考える工程で、手間が少なくなります。特に慣れない段階ではなおさらなんです」

つまり、お前はここで手を抜かずにちゃんとやれ、ということか。しかし、そういうことをあまり強い表現を使わずに誘導していく会話術にも感心してしまう。これが最新のＡＩなのか。

「大事なことなので繰り返しますが、**Purposeの定義によって、正しい構造は変わってきます**。常に正しい構造表現というのはありません。Purpose次第です。だから、どういうシチュエーションでその構造を使うのか、ということを、この段階で丁寧に書き残しておくことが大事なんです。これからさらに４つのＰに進んでいく過程で、今言っている意味がわかると思いますよ」

Piece 構造化のための「断片」

「それでは、2つ目のPへいきましょう。次は『Piece』です」

「うん、訳すと『断片』だね。でも何だろう？ これはちょっと想像つかないな」

「この2つ目のPは、現状を丁寧に把握し、その具体的事例を一つずつ挙げていくことです。具体的な断片を一つずつ丁寧に拾いあげていくのです」

「そうなんだ。まだピンとこないけど……。Purposeを定義したら、すぐにそのPurposeに即した構造化の軸を考えたほうがいいんじゃないの？ ちょっとまどろっこしいような印象があるけど」

僕は思ったことをすぐに口にした。どこかで相手をAIと考えているところもあるのだろうか。全てを受け止めてくれる安心感があるので、人間相手では言えないようなことも遠慮せずに言うことができる。

「おお。やっぱりそう感じますか。実は、この5Pを考えた荒木博行さんも、最初の原型ではこのPieceを省略していたようなのです」

「へー、そうだったんだ！」

こういうフレームワークっていきなりパッとできるものではないんだ、ということに少し驚いた。使いながら進化していくものなのか。

「でも荒木さんが原型で運用していたときは、多くの人がPurposeの次のPerspective、つまり構造化のための『視点』を考えるタイミングで手が止まってしまったみたいなんです」

「そうなのか……」

「後で説明するとおり、Perspectiveというのは構造化において一番大切なフェーズですが、一方でPurposeからPerspectiveにパッと移れるというのは余程の経験者でないと難しいのです」

確かにそうなのかもしれないけど、そんなものなのだろうか。まだちょっとPieceの必要性に腹落ちしていない。

「たとえば、先ほど今抱えているタスクを構造化して整理しようとしていたじゃないですか。で、タカシさんにどんな視点で整理すればいいのか、って聞きましたが、すぐには出てこなかったですよね？　これこそがPerspectiveを問う質問なのですが、答えるのはとても難しいんです」

確かに、全くイメージが持てずに固まってしまった。そこでコウゾウが助け舟として「緊急度×重要度」や「タスクの工数×組織への影響度の大きさ」という切り口を提示してくれたのだった。

「これ、どうしたら考えやすくなると思います？」

あ、そうか。

「わかった。**とりあえずタスクを全部洗い出してみるんだ！**」

「そうです。それがこのPieceの意味です。いきなり抽象的なPerspectiveを思いつくのは難しいから、まずはベタに断片を洗い出してみるんです」

なるほど。いきなり抽象的にはいけないから、具体的に考えてみる、ということか。

「抽象的なイメージを考えるためには、確固たる土台が必要です。足元が固まっているからこそジャンプできるのです。そのためには、面倒かもしれませんが、まず思いつく具体的な断片を一つずつ挙げていく他ありません」

Pieceで足元を固めて、Perspectiveへジャンプするのか。

「しかし、Pieceに関しては、ひたすら洗い出して終わりではありません。洗い出した後に意識すべきことが一つあります。**それは、Pieceの大きさを揃えることです**」

大きさを揃える？　どういうことだろう。

「たとえば、タカシくんの今のタスクをひとまず思いつく限り挙げてもらっていいですか？　思いつくものからホワイトボードに書いてみてください」

「おお、わかったよ……」

僕はとりあえずランダムに自分の抱えているタスクを書き出してみた。

1　明日のA社向けの提案資料作成
2　B社向けの営業方針検討
3　C社の営業クロージング
4　3日分の日報提出
5　新人研修の企画
6　経理部からの問い合わせ対応

「ありがとうございます。いいですね。これで全部ですかね？」

「うん、たぶん全部だと思う」

「では、こうして自分が洗い出したタスクを見て何か感じることはありますか？」

「え、うーん。まあいろいろ抱えているなぁということしか……」

「まあ確かにいろいろ抱えてますね。ただ、そこではありません」

コウゾウは微妙な苦笑いを見せる。こういう表情も人間っぽい。

「たとえば、1と2にはどんな違いがありそうですかね？」

「提案資料作成と方針検討か……。うーん」

「なるほど。方針検討って何をするんですかね？」

「まあ、上司の立川さんと方針について合意をとるためのミーティングが必要だね」

「でも、いきなりミーティングできます？」

「あ、そのためには僕が仮説をつくって資料を作成するかも」

「ミーティングが終わったらタスクはないですか？」

「合意したことをメモに落とすかな」

「だとしたら、この方針検討というタスクは、仮説資料作成、会議でのすり合わせ、合意メモ作成という3つのタスクがあるということですね」

「そうか、一つのタスクの粒が大きくて、そのサイズが揃ってないということか」

「そうなんです。その他にも、そうだな。たとえば5の新人研修の企画を考えてみてください。これっていろんなタスクが混ざってないですか？」

「そうだね。他人を巻き込む仕事だから、依頼する相手を決めたり、依頼メールを作成したり……細かく考えると、かなり多くのタスクが含まれた塊かもしれない」

「はい。これがPieceを考えるためのポイントです。つまり、**Pieceの大きさにばらつきのある状態だと、全体像が捉えにくくなる**ということです。その先のPerspectiveをより考えやすくするためには、Pieceはできるだけ細かく具体的なレベルに合わせておいたほうがいいです」

自分が書いたタスクの一覧を見返してみると、確かに粒がかなりバラバラだということがわかる。

「じゃあ、できるだけ粒を細かく砕いたPieceをつくってみましょうか」

僕はさっそくホワイトボードに向かって手を動かした。

1　**明日のA社向けの提案資料作成**
　a　A社の提案資料素案完成
　b　立川さんとA社の提案内容の確認作業
2　**B社向けの営業方針検討**
　a　B社の営業方針仮説資料完成
　b　立川さんとB社の営業方針合意
　c　B社の営業方針に関する合意メモ完成

3
C社の営業クロージング
a 立川さんとC社の提案価格の合意
b C社向け最終提案資料完成
c C社とのアポイント設定

4
3日分の日報提出
a 4日前の日報完成
b 3日前の日報完成
c 2日前の日報完成

5
新人研修の企画
a 新人研修企画の方向性の素案完成
b 新人研修の講師候補への依頼メール送信
c 講師役の方とミーティング内容の合意
d 新人研修企画の資料完成
e 新人研修企画に関する立川さんとの合意

6
経理部からの問い合わせ対応
a 経理部への返信メール作成

「できた！ これでどうかな？」

「おー、とってもいい感じです！　さすが！」

コウゾウはまた手を叩いて喜んでくれた。

「こうして見ると、当初6個のタスクだったものが、全部で17個のタスクに分解されました。このように**Pieceを細かくして解像度を高めておくことで、適切な構造を思いつきやすくする下地ができる**のです」

「うん、よくわかったよ」

Perspective 構造化のための「視点」

「そして次はとうとう3つ目のP、Perspectiveだね」

先ほどからPerspectiveが重要なフェーズだと聞いていたので、楽しみだった。

「そうですね。ここから本格的に構造をつくる作業に入ります。Perspectiveという言葉は視点という意味で使っています。つまり、**目的を踏まえて、散らばった断片たちをどのような視点で整理していくのか、**ということです」

目的（Purpose）を踏まえて断片（Piece）を整理する視点（Perspective）。なるほど、3つのPはこう連携しているのか。

「つまり、僕の事例でいうと、構造化のPurposeは『やばい状況でどのタスクから着手すべきかを決めるため』で、目の前には17個のタスクのPieceが並んでいる状態だということだよね。そして、この17個のタスクを、目的に適切な形で構造化するには、どういうPerspectiveでこれらのタスク群を整理すればいいかを考える、ということか」

「そうです、まさに。では、具体的なPerspectiveのつくり方を見ていきましょう。どういう視点で構造化をしていくのかを考えるためには、2つのアプローチがあります」

そう言いながら、コウゾウは後ろの充電ケーブルを抜き、おもむろに歩きはじめた。どうやら充電が終わったらしい。今まではケーブルの範囲だけで動いていたのだが、これからは自由に動けるようだ。

1 「Purposeベース」で考える

「最初のアプローチは、『Purposeベース』というものです」

「Purposeベース？」

「はい、つまり、**一度定義したPurposeに軸足を置いて、構造化の視点をじっくり考え抜くことです**」

僕は天を仰いで、どういうことかを理解しようと努めたが、ちょっと抽象的すぎてイメージが湧かなかった。

「たとえば、今回のケースのPurposeは、『取り組むタスクの優先順位』でしたね」

「うん、そうだったよ」

「とするならば、このタスクの優先順位を決める判断軸には何があるのか、ということを考えてみるのです」

ん……優先順位を考えるときの判断軸には何があるのか……？

「ごめん、ちょっと抽象的すぎて、何を聞かれているのかがよくわからないや」

「そうですね。じゃあ、たとえばタカシくんがオフシーズンの大谷翔平だったとしましょうか。オフシーズンの大谷にもインタビューや仲間からの誘いとか、いろいろなタスクが舞い込んできているはずですよね。そのとき、何を判断軸に優先順位を決めていくと思いますか？」

いきなり大谷翔平の名前が出てきたことに戸惑いつつも、頭の中はオフシーズンの大谷翔平になっていた。

「そうだなぁ。自分が大谷だったら、たぶん、まず次のシーズンの成績につながることを最優先に考えるだろうね」

「いいですね。自主トレとかそういうことですよね。他には？」

「他には、次のシーズンの成績にはつながらないけど、中長期的な成績につながるようなことを優先するかも」

「はいはい。他のスポーツ観戦とかが該当しそうですね。いい感じです」

「最後に、いずれにおいても成績には関係しないけど、やらなきゃいけないことを考えるかな」

「住民票を出すとか、お手伝いさんを決めるとか。そういったことはここに入りそうですね」

　適当に話しているうちに、何となく構造化に近づいた感触がある。

「今の概念を整理すると、野球の成績に『直接関係するタスク』『間接的に関係するタスク』『無関係のタスク』という構造で整理できるかもしれません」

　そう言いながら、コウゾウは唐突に目から映写した（図４）。

「そうか。まずは直接関係するタスクから着手していって、空いている時間があれば、間接的なタスクや無関係なタスクに手を出していく……そんなイメージか」

「はい。で、今振り返ってほしいのですが、これは大谷翔平が掲げるPurposeだけをイメージしながら、タスクを構造的に整理したわけですよね」

「うん、そうだね」

「つまり、実際に大谷が抱えている具体的なタスクを考えずに、抽象的なPurposeをベースにタスクの構造化を考えたわけです。そして、その切り口をベースに、実際に大谷が抱えているタスクのPieceがそれで整理できるのかを最終的に確認して、Perspectiveは完成するわけです」

「なるほど。まずPurposeから考えてPieceをチェックする。だから『Purposeベース』というのか。ということは、その逆の『Pieceベース』というのもあるの？」

「そうです、まさに。ではこの流れで、もう一方の『Pieceベース』を説明しましょう」

図4　オフシーズンの大谷翔平のタスクを構造的に整理すると?

1. 野球の成績に直接的に関係するタスク
2. 野球の成績に間接的に関係するタスク
3. 野球の成績に無関係のタスク

2 「Pieceベース」で考える

「説明した『Purposeベース』ですが、実はこのやり方、致命的な欠陥があるのです。何かわかりますか？」

「あ、ちょっとわかったかも。この考え方、めっちゃ難しいってことじゃない？」

「そうなんです。まさに。『Purposeベース』って、抽象的な思考力が求められます。だから、抽象概念を扱うことに慣れていない人にとっては全くピンと来ないんです」

僕もあまり抽象思考には慣れていないから、簡単ではないことは直感的にわかった。

「なので、実はもう一つの『Pieceベース』のほうが実践的だと感じる人は多いと思います。ちょっと乱暴に言うと、**『Purposeベース』は頭を使って考えるイメージなのに対して、『Pieceベース』は手を使って考える**、という感じでしょうか」

なるほど、それなら僕は手を使って考えるほうがやりやすいはずだ。

「たとえば、先ほど挙げた17個のタカシくんのタスクを使って考えてみましょうか。実際にこれら17個のPieceを目の前に置きながら、どうやって共通項を括ることができるのか、手を使って考えてみるのです」

・A社の提案資料素案完成
・立川さんとA社の提案内容の確認作業
・B社の営業方針仮説資料完成
・立川さんとB社の営業方針合意
・B社の営業方針に関する合意メモ完成
・立川さんとC社の提案価格の合意
・C社向け最終提案資料完成
・C社とのアポイント設定
・4日前の日報完成
・3日前の日報完成
・2日前の日報完成
・新人研修企画の方向性の素案完成
・新人研修の講師候補への依頼メール送信
・講師役の方とミーティング内容の合意
・新人研修企画の資料完成
・新人研修企画に関する立川さんとの合意
・経理部への返信メール作成

「うーん、たとえばタスク期限の早いものと遅いもので分けられそうかな。それでいえば、『3日前の日報完成』は急ぎでやらなきゃいけないけど、『新人研修企画に関する立川さんとの合意』なんかはだいぶ先でいいかも」

「いいですね。では、期限の早いもの組と遅いもの組で分けてみましょうか」

「よし、これなら簡単そうだ。さっそくやってみよう！」

僕はすぐに取りかかったが、簡単そうで、実はそれほど簡単ではないことに気づいた。

「なんか手を動かしてみると、期限が早い遅いというのも、判断が難しいんだね」

「どんなところが難しいんですか？」

「まず期限が早い遅いっていうのは、曖昧なものなので、その基準を決めないと分けられないということ」

「いいですね。他には？」

「もう一つは、たとえば『日報』のような他者から決められた問答無用の期限があるものもあれば、『経理部への返信メール作成』のように期限が定まっていないものもあるということ……かな」

「確かに。実はタスクって、最初から期限が決められたものばかりではないんですよね」

「そうすると、『タスクの期限』というPerspectiveの表現では、まだ曖昧なのかも」

「そうなんです。たとえば『タスクの理想的完了タイミング』というくらいに表現を付与していかないと、構造ってつくれないんですよね」

なるほど、そうか……。期限は全て決まっているわけではないから、それだけだと整理できない。だから、「自分にとっての理想的な完了タイミング」と修飾語を加えることで、分解可能になるのか。

これも、実際に具体的なタスクが目の前にあるから、「Pieceベース」のほうが考えやすいということがわかる。

「このようにPieceに軸足を置きながら、Perspectiveを確固たるものに仕上げていく。これが、『Pieceベース』のPerspectiveの考え方です」

なるほど、そういうことか。

「繰り返しになりますが、Perspectiveは、構造化における大きな難所です。なぜならば、抽象概念であるPurposeと具体概念であるPieceの接続点を考えるという、難易度の高い作業だからです」

僕はコウゾウの言葉に着想を得て、手元のメモに抽象と具体をつなぐ、こんな図を描き残した。

「しかし、難易度が高いということは、誰にでもできることではないってことだよね。裏を返せば、これができるようになればバリューを出せる、ということだ」

「そうですよ。グチャグチャした議論をパッと整理する軸を出せたら、それだけで価値がありますよね」

「うん、憧れる」

「でも、そのために大事なことは、まずは手を動かすことを厭わないことです。Purposeをしっかり言語化して、Pieceを丁寧に洗い出す。そして、Pieceベースで泥くさく共通項を括ってみる。最初は時間がかかるかもしれませんが、これを繰り返していくしかありません」

「なるほど。脳内だけでパッと構造化ができてしまう人もいるんだろうけど、僕も含めた大多数の人にいきなりPerspectiveを考えつくのは無理なんだろうね」

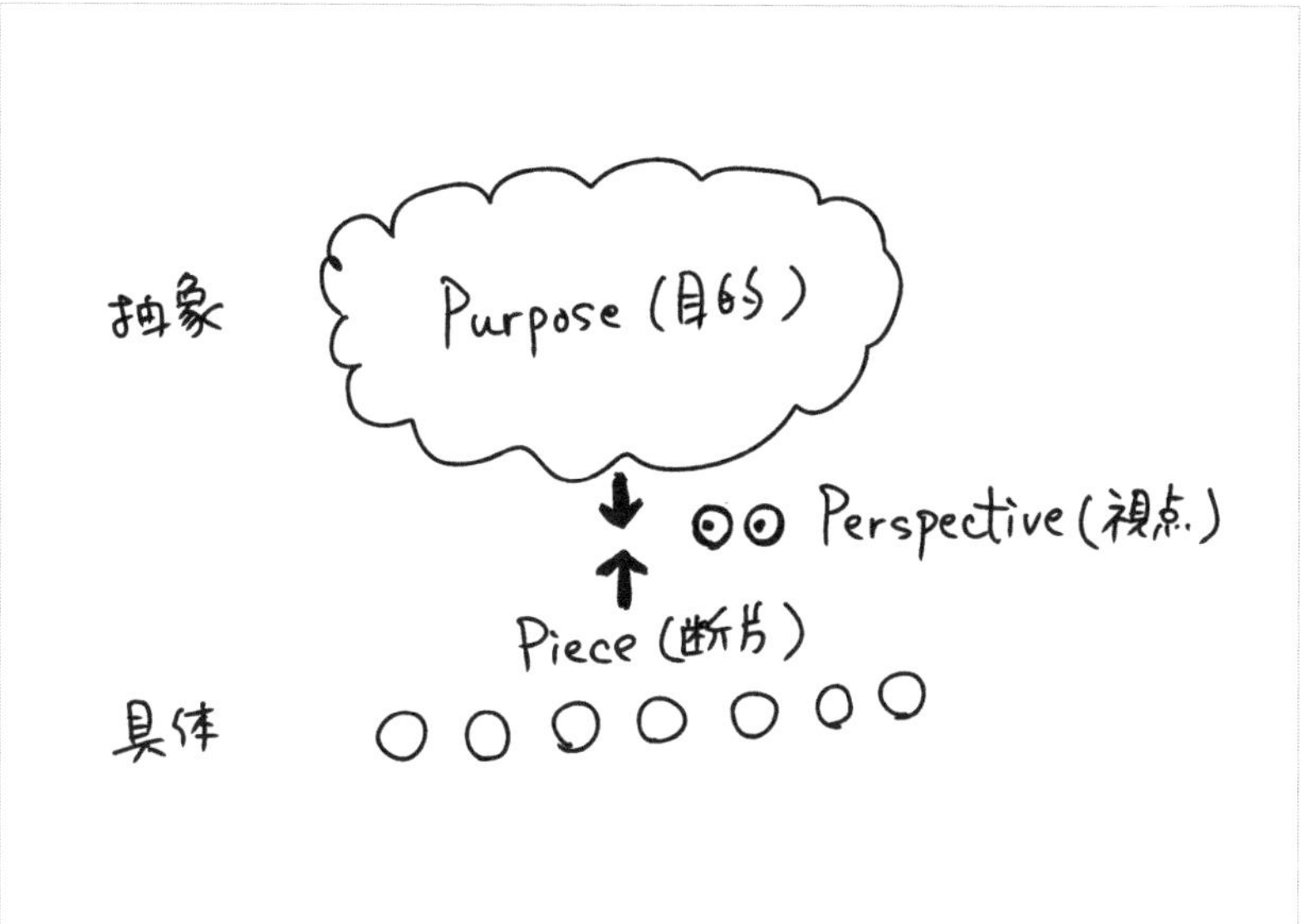

「はい。愚直に手を動かし、しっくりくるPerspectiveに出会うまで、地道にPurposeとPieceを可視化しながら往復していくしかないのです」

そのとおりだ。結局は場数を踏むしかない。とはいえ、ただやみくもに場数を踏むのではなく、この5Pという概念があることが、僕をやる気にさせていた。

Pillar

構造化のための「支柱」

「そして、ようやく4つ目のPまできました。Purpose やPieceを踏まえて最適なPerspectiveを決めた後、次はその構造をどのくらいの大きさのPillarで支えるか、という論点です」

Pillarが「支柱」という意味だということはわかる。だが、どういうことだろうか？

「具体的に話しましょう。タカシくんのタスク整理の事例では、Perspectiveを『自分にとって理想的なタスク完了タイミング』と定めましたね。では、このPerspectiveを踏まえて、17個あったタスクをいくつの塊に分けていくのか？というのが、このPillarで考えることです」

「ふむ、つまり17個を、たとえば2つの塊に分けるのが良いか、5つくらいに細分化するのが良いのか、ということか」

「そうです。実際にいくつくらいに分けるのが良いと思います？」

「うん、そうだなあ」

と言いながら、僕は頭の中を整理した。僕がこの散らばったタスクを構造的に整理するのは、すぐに片付けなきゃいけないタスクを浮き彫りにするためだ。じゃあ「すぐに片付けなきゃいけない」というのは、どのくらいのスピード感なのだろう？

「まず、すぐに着手するものとして『3日以内』という支柱は必要かな。そして時間が空いたときに思考投入する『1週間以内』という支柱、そして当面は視野に入れなくてもいい『しばらく放置（1週間以上）』。この3本くらいが適切な気がする」

「おー、良い感じです！　じゃあ、実際にこの3本のPillarを踏まえて、タカシくんの17個のタスクを分類してもらえますか？」

「OK！やってみる」

僕はホワイトボードに向かいながら、このように整理した。

3日以内

・A社の提案資料素案完成
・立川さんとA社の提案内容の確認作業
・立川さんとC社の提案価格の合意
・4日前の日報完成
・3日前の日報完成

・2日前の日報完成

1週間以内

・B社の営業方針仮説資料完成
・立川さんとB社の営業方針合意
・B社の営業方針に関する合意メモ完成
・C社向け最終提案資料完成
・C社とのアポイント設定
・新人研修企画の方向性の素案完成
・新人研修の講師候補への依頼メール送信

しばらく放置

・講師役の方とミーティング内容の合意
・新人研修企画の資料完成
・新人研修企画に関する立川さんとの合意
・経理部への返信メール作成

「うん、なかなかいい整理ができた気がする」

僕は自分の書いたホワイトボードを見ながら、うなずいた。

「とてもいい感じです！」

コウゾウも喜んでくれた。

「どうでしょう。もしこの構造化によって、タカシくんのPurposeである、「やばい状態でのタスクの優先順位づけ」ができたのであれば、ここで手を止めても問題ありません」

「うん、何となく十分な気はするけどね。どうだろう？」

「Purposeに照らし合わせて良いのであればOKです。今出来上がったのはかなりざっくりとしたタスクの構造化ですが、精緻な構造をつくることが目的ではありません。自分にとってしっくりくるなら、それで良いのです。だからこそ、繰り返しになりますが、Purposeを明確化していないと、時に精緻に構造をつくることにばかり熱中して、構造化そのものが目的になってしまう人がいるんです」

「うん、だんだんPurposeの重要性がわかるようになったよ」

コウゾウはうなずいた。

ただ、あらためてホワイトボードを眺めると、もう少し整理が必要な気がしなくもない。たとえば3日以内のタスクを見ると、「立川さんとA社の提案内容の確認作業」とか「立川さんとC社の提案価格の合意」とかは、すぐにやらなきゃいけないけど、自分だけではどうしようもないタスクだ。

「うーん、やっぱりもう一手間加えたほうがいいような気がする。もう一つPerspectiveを加えてみてもいいかもしれない」

「お、いいですね。何ですか？」

「たとえばだけど、『タスクの自己完結可能性』というPerspectiveを加えてみたいかな」

「はい、自分だけで完了できるタスクなのか、そうではないのか、という観点ですね。いいと思います。Pillarは何本必要ですか？」

「『自己完結可能／不可能』という2本のPillarで十分だと思う」

「ということは、2つのPerspectiveを組み合わせた2軸の構造になりますね」

「うん、これで最後のPであるPresentationに入れる！」

「はい。そうなんですが、ちょっとPillarの補足を3つほど加えさせてください」

コウゾウは左手の指を3本立てながら、先

走る僕を落ち着かせた。

1　Pillarの本数

「まずPillarは何本くらいが良いのか、という点です。これ、実際によく聞かれるのですが、どう思います？」

「え、それは一概には答えられないんじゃない？」

「そうですよね。さすがです。答えはケースバイケース。全てはPurposeによるからです」

「まあそうだと思う。全てはPurpose次第」

「これはさすがに簡単すぎましたね。そのうえで、一般論で言うならば、**Pillarは少なければ少ないほうがいいです。**Pillarは増やせば増やすほど緻密になりますが、構造理解が難しくなるからです」

「確かにそうだね。Pillarが5本以上あると、直感的にそのPillarが全体を網羅しているのかつかめなくなると思う」

「ですよね。だから、特に構造化に慣れないうちは、Pillarは2〜3本くらいがちょうどいいと思います」

2 Pillarの関係性

「では、2点目の補足です。このPillarを考えるときに大事なのは、Pillar同士の関係性を理解することです」

「関係性？」

「はい。Pillar同士の関係性は3種類あります。その3種類とは、『**独立関係**』『**連続関係**』『**因果**（**相関**）**関係**』です」

「何となく言葉の意味はわかるけど、なぜそれを理解することが大事なの？」

「これを理解することは、その後のPresentation、つまり表現形式を考えるうえで大事なんです」

表現形式？？どういうことだろう。

「補足しますね。AとBとCというPillarがあるとしましょう。『独立関係』というのは、支柱同士それぞれ独立しているので、C－A－Bという順番に変えても問題がないものです」

「なるほど」

「たとえば、クローゼットの中の洋服を構造化した際に、『アウター』と『インナー』の2本のPillarに分けたとします。この2つはそれぞれ独立しているので、どちらのPillar

が先にきても違和感はないはずです」

「ふむふむ」

「ただ、このクローゼットの中身をもし『春物／夏物／秋物／冬物』という4つのPillarに分けたとしたら、どうですか？『秋物／夏物／冬物／春物』と並べるよりは、春から順番に並べるほうが良いですよね？」

「そりゃそうだ。そうか、それが『連続関係』か」

「はい、タカシくんの事例で、タスクの期限を『3日以内／1週間以内／しばらく放置』という3つのPillarの並びで整理したのも、無意識ではあるでしょうが、このPillar同士に連続関係があったからなんです」

「確かに、無意識ではあるけど連続関係で並べたかな」

「そうですよね。そして3つ目の『因果（相関）関係』とは、ある事象が別の事象を引き起こす関係を指します。もしAがなければBは起こらない、という関係性ですね。たとえば、組織内の課題を構造化しようとしたときに、『採用基準を緩和した』という事実と『新人指導でトラブルが頻発しはじめた』という課題があったとすれば、その2つはおそらく因果、もしくは相関関係がある可能性が高いです」

「まあ、会社に合わない人を採るから、新人指導が難しくなったということだよね」

「そうです。そして、もしそうだとするならば、この2つのPillarの関係性はどう表現したらいいですか？」

「うーん、単に並列に並べるよりも、矢印でつないで表現するほうが、構造をわかりやすく示せるかな」

「そうですよね。構造表現については、最後のPであるPresentationで整理しますが、Pillarについては、単に洗い出すだけでなく、相互関係を把握することが重要なのです」

3 Pillarの縁取り

「そして最後は、Pillarの3つ目の補足です。良い感じでPillarができたとしても安心してはダメ、ということです」

「うん、どういうこと？」

「実際にPillarをベースにPieceを振り分けようとすると、『これはどっちに分類するものなのか？』と悩んでしまうものが見つかるはずです。このように悩んでしまう理由は、Pillarの縁取りがしっかり定義できていないからです」

「Pillarの縁取り？」

「はい。たとえばタスクを分けるときに、『組織に与えるインパクトの大きさ』というPerspectiveで、『インパクト大／インパクト小』という2本のPillarに分けたとしましょう」

「うん、あるある」

「ではたとえば『新人研修の講師の依頼メール』というタスクは、組織に与えるインパクトは大きいですか？　小さいですか？」

「え、忙しい人に仕事を頼むので、インパクトは大きいと思ってたけど？」

「でも、たかだか新人研修の講師の依頼ですよね？　部長研修でもあるまいし、大した仕事ではない、という意見もあるかもですよ」

「う……そう言われると……」

「つまり、このPillarの定義では、タスクを実際に分けようとしたときに悩むはずなんです。なぜならば、インパクトの大小というのは極めて主観的であり、何をもってインパクトを評価するのかが揃わないからです」

「なるほど、確かに。でもどうしたらいいの？」

「たとえばですが、このケースでは、インパクトの大小という表現を残しつつ、案件の大きさが2千万円以上とか、関わる人が部長以上の場合をインパクト大とするなど、判断基準を注釈的に加えるのがいいかもしれません」

「なるほど。それが縁取りということか」

「はい。いずれにせよ、Pillarの表現は初期段階は抽象的にならざるを得ません。多くのケースでは、その抽象的な表現をもとにPieceを実際に分類してみて、再びPillarの表現を磨いていくことになります。

別の言い方をするならば、最初から適切なPillarの表現を見つけようとしすぎない、ということです。Pillarの表現で悩んだらもう一度PurposeやPieceに戻ってみる。このように前のPを往復しながら適切な縁取りを見つけていくことが大事なんです」

「うん、なんとなくわかったよ」


「ではこのPillarの縁取りについては、後ほどまた演習するとして、ここで縁取りを考える構造のサンプルを一つ紹介してみたいと思います」

そう言うと、コウゾウは本棚へと向かっていった。そして一冊の本を取り出しながら僕に聞いた。

「タカシくんは、この『7つの習慣』という本を読んだことはありますか？」

「あ、うん。そういえば学生時代にちょっと斜め読みしたことがあるかな。分厚い本なので全部は読めなかったけれど」

「そうですか。では、その本で紹介されていた『**時間管理のマトリクス**』は覚えてますかね？」

「うーん、正直覚えてないや」

「問題ありません。先ほども紹介したように、自分の時間の使い方をより意味のあるものにするために、時間の使い方を『緊急性』と『重要性』という2つのPerspeciveで構造化して、偏りをチェックするというものです」

そう言いながらコウゾウは映写してくれた（図5）。

「ああ、あれのことか」

「ここからどんな示唆がありそうでしょう？」

「どんな示唆？ うーん。この4つの領域の中でも『第二領域』に意識を集中させるべきということかな。人間関係づくりとか、自分の人生の長期ビジョン作成とかって、この『第二領域』に入る『重要だけど緊急ではないもの』なんだけど、緊急じゃないだけにおろそかにしがちなんだよね」

「そうですよね」

「でも、この『第二領域』にある段階で着手しておかないと、『第一領域』や『第三領域』などの緊急的なものばかりに時間を奪われることになっちゃう。今の僕はまさにそんな状況かな」

図5　時間管理のマトリクス（『7つの習慣』）

	緊急	緊急でない
重要	第一領域	第二領域
重要でない	第三領域	第四領域

「なるほど。それはいい教えですね。ただ、実際に自分で手を動かしてこのマトリクスをつくってみたこと、ありますか？」

「え？ いや、ないかな……」

「だとしたら、一度やってみたほうがいいですよ。気づきがあるはずです」

「ふーん、どんな気づきがあるの？」

「時間がないので、もったいぶらずに話してしまいましょう。いざ領域に分けようとすると、すぐに壁にぶつかるはずなんです」

「あ、わかったかも。Pillarの縁取りの話だね？」

「そうです。さすが。つまり『重要／重要でない』、もしくは『緊急／緊急でない』というそれぞれ2本のPillarの境目の判断がとても難しいんです」

「確かに、何が重要なのか、緊急なのか、一概には判断しづらいね」

「そうなんですよ。では、実際に『7つの習慣』ではこのPillarはどう縁取りをされているのか、実際に本の定義を確認してみましょう」

そう言って、コウゾウは本の中の該当の箇所を投影した。このデータベースの中には電子書籍も入っているのだろうか？

「まず緊急の定義について投影しますね」

「緊急とは、『すぐに対応しなければならないように見えるもの』である。それは今すぐ、私たちに働きかけてくるものである。たとえば、鳴っている電話は緊急である。鳴りっぱなしの電話を放っておける人はめったにいない。すぐ対応しなければならないように見えるからだ」

「次に重要の定義について投影します」

「一方、重要度は結果に関連している概念である。重要なものというのは、『あなたのミッション、価値観、優先順位の高い目標の達成に結びついているもの』である」

「うーん、それぞれ定義を見てもイマイチよくわかんなかったな」

「そうですよね。たとえば、タカシくんのタスクリストの中で、『重要ではないタスク』ってありますか？」

「いや、もちろん重要さの軽重はありそうだけど、『重要でない』とはなかなか言えないなぁ」

「ですよね。でも、このマトリクスは『重要か重要でないか』を二元論で答えるものなので、『そこそこ重要』であっても、どちらかに明確に分けなくてはなりません。そして、その微妙なものをどちらに分けるかによって、出来上がった図の見え方はだいぶ異なるものになってしまうのです」

「そうだよね」

「そう考えると、このマトリクスについては、抽象的な概念そのままではあまり意味がなくて、むしろ自分のケースにおいて『緊急／緊急でない』『重要／重要でない』の境目をどう縁取りするのか、ということに意味があるのかもしれません」

「そうか。やっぱりPillarを縁取ることって、とても大事なんだね。でも、それは本当に手を動かさないと見えてこないということでもあるんだ」

「はい。そのとおりです。この後で実際に手を動かしてもらいますので、そこでまた深めていきましょう。

では、これでPillarの3つの補足も終わりましたので、最後のPに移りたいと思います」

「おお、ようやく最後のPだね！」

Presentation

構造化のための「表現」

「では、ここまでの4つのPを踏まえて、最後のPはPresentation、つまり構造の『表現』となります。ここまでのロジックをどのような構造で表現するのが適切かを考えるパートですね」

「おー、これは面白そう！」

「最後のPはショートケーキのイチゴのようなもの。いくらケーキが美味しくても、見栄えも大事ですよね。それを決めるのが、最後のPresentationです」

その話を聞いて思わずうなずいてしまったが、しかしこのロボットはショートケーキを食べたことなどないだろうに、どういう気持ちでショートケーキの話をしているのかと、ふと余計な疑問を持った。

「さて、問題です」

その声で僕は我に返った。

「タカシくんのタスクの優先順位を整理するにあたっては、どのような構造表現をすると良いでしょうか？」

僕はあわてて記憶を辿った。確か「自分にとって望ましいタスク完了のタイミング」と「タスクの自己完結可能性」という2つのPerspectiveをベースに、それぞれ3つのPillarと2つのPillarで整理するのだった。だとすると？

「何となくだけど、2つのPerspectiveを縦横に合わせたマトリクス構造で示すのがいいんじゃないかな？」

「ということ、こんな感じですかね？」

コウゾウは目から映写した（図6）。

「おお、そうそう。まさにこれだね」

こうやって示すことができれば、ものすごく考えやすくなる。

「ここまで構造表現ができたら、タカシくんはどうやって考えますかね？」

そう言われて、僕はマトリクスを見返してみた。

「うん、まずは上段の『自己完結不可能』セグメントが大事だと思う。つまり、左上の『3日以内×自己完結不可能』や中央上の『1週間以内×自己完結不可能』にある項目のスケジュール確保に真っ先に動き出すかな」

「なるほど。そうやって上段のタスクを徐々に下段に落としていく感じですね」

図6　タスクの優先順位を整理する①

（Perspective2）タスクの自己完結可能性 ＼ （Perspective1）自分にとって望ましいタスク完了のタイミング	（Pillar1）3日以内	（Pillar2）1週間以内	（Pillar3）しばらく放置
（Pillar2）自己完結不可能	・立川さんとA社の提案内容の確認作業 ・立川さんとC社の提案価格の合意	・立川さんとB社の営業方針合意	・講師役の方とミーティング内容の合意 ・新人研修企画に関する立川さんとの合意
（Pillar1）自己完結可能	・4日前の日報完成 ・3日前の日報完成 ・2日前の日報完成 ・A社の提案資料素案完成	・B社の営業方針仮説資料完成 ・B社の営業方針に関する合意メモ完成 ・C社向け最終提案資料完成 ・C社とのアポイント設定 ・新人研修企画の方向性の素案完成 ・新人研修の講師候補への依頼メール送信	・新人研修企画の資料完成 ・経理部への返信メール作成

「そうそう。そうやって関係者に働きかけながら、残りの時間で左下の『3日以内×自己完結可能』のタスクに取り組もうと思う。ここなら、自分一人でできるから」

「つまり、こういうことですね？」

コウゾウは、投影内容をアップデートさせた（図7）。


「そうそう、こういう感じ」

「ということで、当初はぐちゃっとしていたタカシくんのタスクの全体像でしたが、だいぶ整理がつきましたね」

「うん。なんか今までモヤモヤ不安を抱えていただけだったけど、やるべきことがクリアになって、視界が晴れた感じがするよ」

「そうですよね。私たちはどんなものであれ、全体像が見えないと不安を感じるものです。しかし、それがひとたび構造化され、全体像が理解できるようになると、不安な心理状態が薄まり、冷静で前向きな気持ちに変わります」

「そうか。これこそが構造表現の力だね」


「そうなんです。そして、多くの人は最終的な表現であるPresentationに目が行って、真っ先にそこから考えようとしてしまいます。でも、その前の4つのPをスキップして、いきなり良いPresentationを生み出すことは至難の業です。Purposeから始まる構造

図7　タスクの優先順位を整理する②

最優先で関係者のスケジュール確保・打ち合わせ準備

(Perspective2) タスクの自己完結可能性	(Pillar1) 3日以内	(Pillar2) 1週間以内	(Pillar3) しばらく放置
(Pillar2) 自己完結不可能	・立川さんとA社の提案内容の確認作業 ・立川さんとC社の提案価格の合意	・立川さんとB社の営業方針合意	・講師役の方とミーティング内容の合意 ・新人研修企画に関する立川さんとの合意
(Pillar1) 自己完結可能	・4日前の日報完成 ・3日前の日報完成 ・2日前の日報完成 ・A社の提案資料素案完成	・B社の営業方針仮説資料完成 ・B社の営業方針に関する合意メモ完成 ・C社向け最終提案資料完成 ・C社とのアポイント設定 ・新人研修企画の方向性の素案完成 ・新人研修の講師候補への依頼メール送信	・新人研修企画の資料完成 ・経理部への返信メール作成

(Perspective1)
自分にとって望ましいタスク完了のタイミング

余った時間で作業

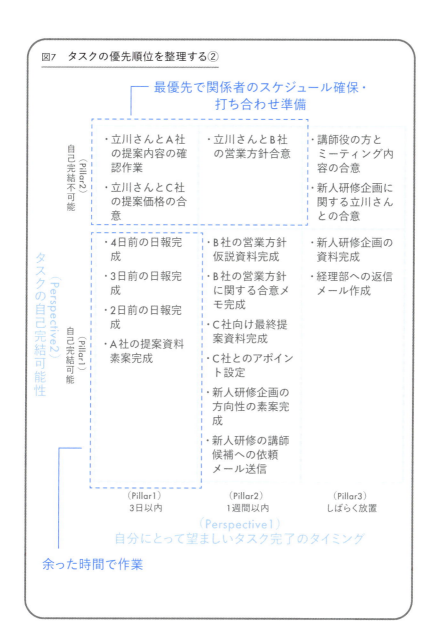

化のプロセスは、効果的なアウトプットを支える土台なんですよ」

「もうそれは嫌というほどわかったよ。Purposeを意識しないと、何が良い構造なのかを定めることはできないし、Pieceを洗い出さないと構造のインスピレーションは湧いてこないこともわかった。PurposeとPieceを組み合わせて初めて良いPerspectiveが見つかり、そのPerspectiveが定まれば、どれくらいの塊に分けるかというPillarを考えることができる。だからこそ、表には見えてこないプロセスを踏んで考えることが大事なんだよね」


僕はそう語りながら、あらためて構造化のプロセスの重要さを噛みしめていた。

「そうなんです。ただ、最後のPであるPresentationは、いろいろな表現形式があって、簡単に語ることはできないので、またいずれ整理して語ろうと思います。もうお腹空いたんじゃないですか?」

確かに、ランチタイムはもうとっくに過ぎている。夢中になって話を聞いていて、時間が経っていたことに気づかなかった。そういえば昼ごはんも食べていない。

「うん、ありがとう。じゃあ遅めのランチにしようかな!」

ハッ
もうこんな
時間…!

STRUCTURED THINKING

Chapter 3

構造を表現する

寒気を覚えて僕は目を覚ました。机に向かったままうたた寝をしていたようだ。

時計を見ると、深夜3時だ。まだ外は暗い。

昨日は遅めの昼ごはんを食べた後、タスクを片付けている間に急に眠気に襲われたのだ。そして、夜に軽い仮眠をとるつもりが、こんな時間になってしまっていた。

変な姿勢で寝ていたので、体の節々が痛い。


そういえば何か夢を見ていた気がする。

あれ、何だっけ？


「コウゾウ……？」


ついその名前が口をついて出てきた。

そうだ。僕はロボットに構造化思考を教えてもらっていたのだ。

あれは妙にリアルな夢だった。

しかし、本当に夢なのか？ 僕はあわててノートを開いてみた。

そこには、コウゾウから教えてもらった内容がしっかり残っていた。


「夢じゃない……！」

そして、僕は振り返った。

そこには、コンセントを自分の背中に挿して目を閉じているコウゾウがいた。

「コウゾウ！」

僕はなぜか大きな声を上げた。

コウゾウはビクッとして目を開けた。

「タカシくん……どうしたんですか？　こんな時間に」

「コウゾウだよね。確かにいたんだよね？」

「ん？　どうしたんです？」

僕は昨日の出来事が夢じゃなかったことに気づいて、嬉しくなった。

コウゾウにはまだ聞きたいことが山ほどある。

コウゾウと話すまでは、もうどうやったって終わらないと思っていた仕事の山だった。それが、今はうっすらと希望を感じている。

仕事は大して進んだわけではない。しかし、僕は不思議と自分の力でこの局面を打開できるという確信があった。

それは、自分のタスクを構造化したことによって、何をやればいいのかが明確になったからだろう。

まだ眠そうにしているコウゾウを見ながら、僕はあらためて感謝の気持ちを胸に抱いた。

コウゾウには昨日、自分のタスクを構造的に整理してもらうとともに、その場で「構造化の5P」というアプローチも教えてもらった。

とても勉強になったが、一点まだわからないことがあった。

それは、構造をどう表現するか、という点だ。

先日のタスク整理の場面では、コウゾウは2×3のマトリクスを使った。しかし、その際、マトリクスにもいろいろな表現方法があり、そして構造化を表現するための方法は、マトリクスだけではないということを言っていた記憶がある。

確かに表現方法はいろいろありそうだ。しかし、それはどんなふうに使い分ければいいのだろうか？

「コウゾウ、ちょっといいかい？」

コウゾウは眠そうな目をこちらに向けた。このロボットには眠気という機能がインストールされているのだろうか？　だとしたらそれはものすごく不要なもののような気がする。

「何ですか？　こんな朝早くから」

「昨日は5Pというフレームワークを教えてもらったけど、最後のPresentation、つまり表現形式のところは後回しになっていたと思うんだ。この続きを教えてほしい！」

僕は朝からハイテンションでコウゾウに迫った。もしこれが夢だとしたら、覚める前にちゃんと聞くことを聞いておかないといけない、という焦りがあったのだ。

「おお、さすがに覚えていましたか。では、また始めますか？　昨日の続きを……！」

コウゾウは背中のコンセントを自ら抜いて、前に動きはじめた。

1 分類図

一番シンプルな構造表現

「じゃあ、ここからは構造表現について、7つほどのパターンをお伝えしていきましょう」

7つ……そんなに無理な数字ではない。これが15とか言われていたら大変だった。これなら、朝がくる頃には終わっているはずだ。

「では、まず一番シンプルな分類図から。たとえば、とあるファミリーレストランがメニューに掲載するために料理を区分けするとしたら、どうやって分けますか？」
「うーん、もしかなり料理を手広く取り揃えているようなレストランなら、和洋中みたいな感じがいいんじゃない？」
「いいですね。そこに入らないものがある可能性も含めて、まずは『和・洋・中・その他』で分けてみましょうか。

……ということで、こういう構造表現が分類図です（図8）」

「え？ たったこれだけで構造表現？」

「はい、とある法則に従って、塊を横に並べれば、それは構造表現ですよ」

「そうか……」

僕はちょっと拍子抜けしてしまった。でもそんなに難しく考えなくていいのか。

「大事なのは、『とある法則に従って』ということです。法則がなければ、メニューを見た人は混乱しますよね。ちなみにこの分け方には、どういう法則があると思いますか？」

「うーん、『料理の発祥地』じゃない？ つまり、その料理の発祥が日本なのか、欧米なのか、中国なのか」

「そうですね。そして、この『法則』というのが、昨日の5Pの話でいうところのPerspectiveです」

「なるほど。確かにそうだね。Perspeccriveが『料理の発祥地』、そしてPillarは4本ということか」

図8　ファミリーレストランの料理を分類すると？

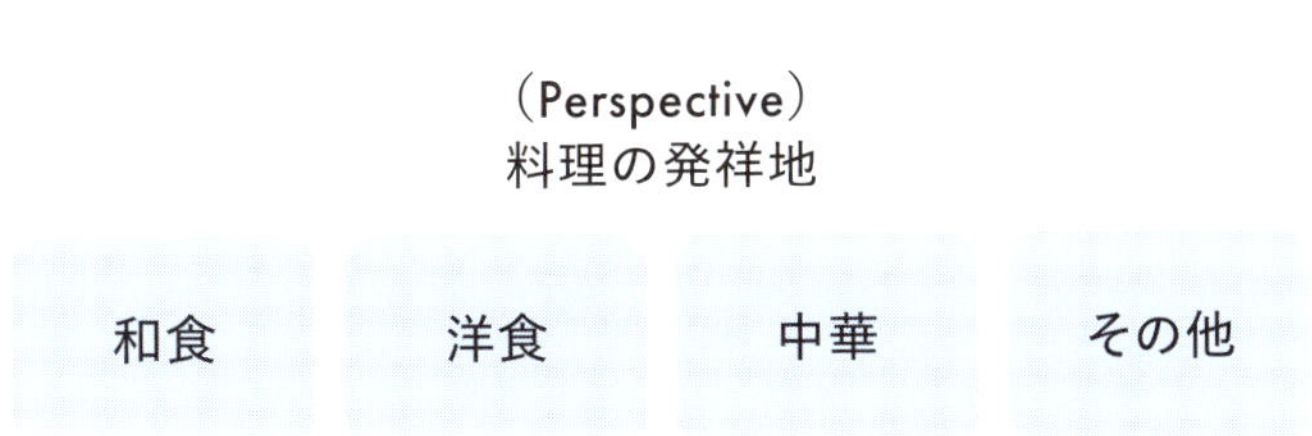

「そうです。そして、分類図の特徴は、Perspectiveが一つで、Pillar同士の関係性が独立であるということです」

関係性が独立……。そういえば昨日やったな。

「関係性が独立ということは、並び替えても問題ないということだね？」

「そうです。よく覚えていますね。だから、こんな並び方でも問題ありません（図9）」

「私たちは『和洋中』という語呂に慣れているので違和感はありますが、レストランでメニューの並びがこうなっていても間違いとはならないでしょう」

「うん、洋食メインのレストランなんかは、こういう並びであってもおかしくない」

「そうですね。このように、**Perspectiveが一つで、Pillarの関係性が独立であるものを『分類図』といいます**」

「めっちゃシンプルなやつだね」

「はい、確かにシンプルなんですが、意外とやってみると難しいんですよ」

図9　並べ方を変えてみる①

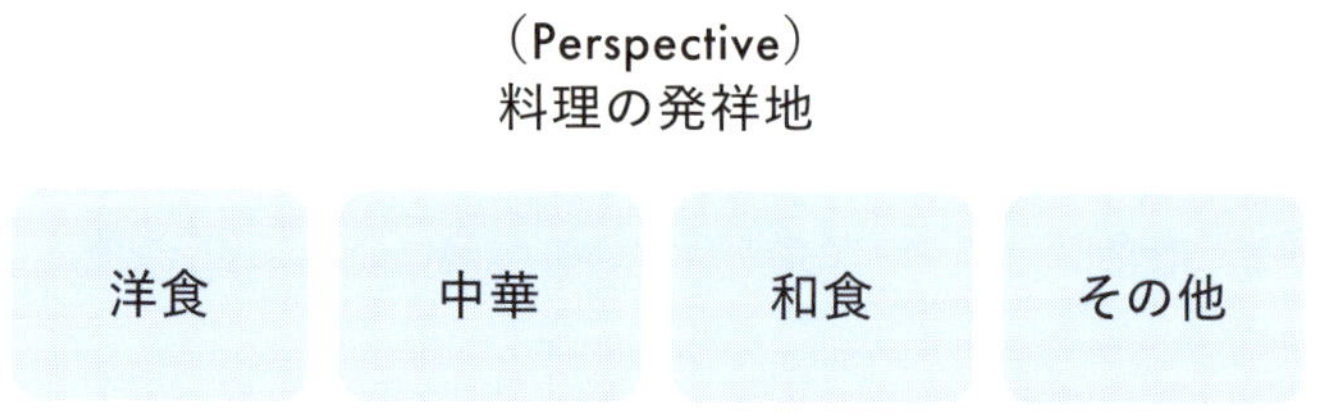

「確かに。見栄えはシンプルでも、昨日やったように、PurposeとPieceを両方睨みながら意味のあるPerspectiveでちょうど良い大きさのPillarに分けるという工程があるからね……。なかなか難しいね」

「そうなんです。表現としてはシンプルでも、その奥が深い分類図はたくさんあるんですよ。そして、**分類図はシンプルであることに意味がある**んです。余計な手を加えない、ということですね」

「ほう?」

「たとえば、先ほどの分類図を、単に横並びだと格好悪いから、という理由でこのように表現したらどうでしょう?(図10)」

「うーん、それほど悪くない気はするけど?」

「そうですか?これを構造表現として見るならば、ミスリードの可能性があるんです。つまり、この縦と横の掛け合わせに何か意味があるのか?と思わせてしまうんですよね。横軸に流れるPerspective以外に、受け手

図10 並べ方を変えてみる②

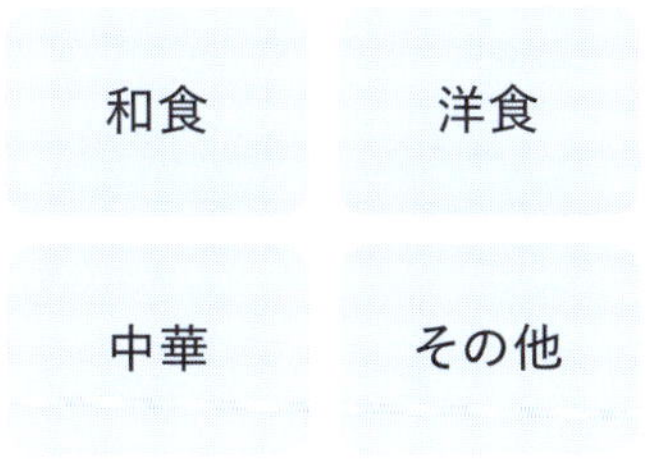

は縦軸のPerspectiveの意図を考えてしまうのです（図11）」

「なるほど。そういうことか」

「だからこそ、Perspectiveが一つであるならば、シンプルに同じ方向に並べるだけでいいのです」

「むしろ、シンプルだから良いわけだね」

「そうなんです。じゃあ、この流れで、Pillarのつくり方も復習しておきましょうか」

「う、うん」

実際に、僕はまだPillarについてあまり把握できていなかったのでありがたい。

「この分類図において気をつけるべきポイントの一つは、**Pillarの大きさを揃える**ということです。たとえば、こういう分類はどうでしょう？（図12）」

「いや、これはおかしいよ。天ぷらよ、なぜ君がそこに？と思う」

「ですよね。この分類は料理の発祥地であるのに対し

図11　なぜ図10の並べ方は良くないのか

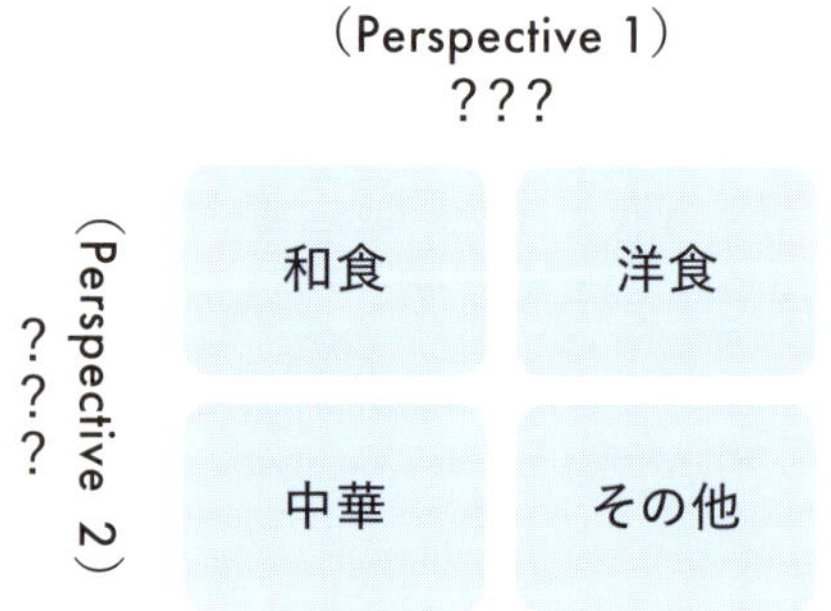

て、天ぷらは和食の中の具体的な料理名になりますから。本来天ぷらは和食の下のカテゴリーに入るべきものです。

まあこのくらいの明らかな例であれば違和感に気づくと思いますが、では、天ぷらの代わりにメキシカンが入った次の分類はどうでしょう？（図13）」

「むむ。メキシカンはメキシコ料理だから、料理の発祥地としては合っている気がする」

「はい、それは問題なさそうですよね」

「でも何か違和感があるよ」

「結論からいえば、必ずしも間違いというわけではありません。しかし、これが良いPillarなのかを確認するためには、3つの観点が必要となります」

コウゾウは指を3本立てた。

図12　天ぷらよ、なぜ君がそこに？

図13　Pillarの大きさを揃える

「まず1点目は、『洋食』の定義を確認することです。なぜなら、『メキシカン』は『洋食』の一部ではないか、という疑問が湧く可能性があるからです。だから、たとえば、『洋食とは、ヨーロッパとアメリカを発祥とする料理である』といったように、**Pillar同士の切れ目がわかるように定義する**ことが必要となります」

確かに。僕が感じた違和感はそこにあったのだと気づいた。

「2点目は、**Pillarとして立てるほどの大きさがあるか**、ということです。たとえば、メニューの割合として、和食30％、洋食40％、中華20％、メキシカン5％、その他5％といったような比率であれば、あえて『メキシカン』というPillarを設ける必然性はありません。当初のように『和洋中その他』という4本のPillarで分けたほうがしっくりくるはずです」

「なるほど。ってことは、たとえば『メキシカン』が2割かそれ以上の比率を持っていたら、1本のPillarとして立てる必然性があるってことだよね？」

「はい、そうです。でも、仮に5％くらいでも、一つのPillarとして認めてもいいケースがあります。どういう場面かわかりますか？」

「え、どういうことだろう？」

「その答えは、Purposeにあります。仮に、このメニューづくりが顧客の単価アップという目的を帯びていて、『メキシカン』はかなり単価の高い戦略的商品カテゴリーだとしたら、注目度を高めるためにあえてPillarとして残すこともあり得るのです。つまり、結局、**何が最適なPillarなのかは、最初のPであるPurposeが決める**ということです。これが3点目のポイントですね」

「なるほど。ここでもPurposeの重要性が出てくるんだね」

「そうなんですよ。この最初のPは、やっぱり一番大事なんです」

「ところでこの分類図の説明を聞きながらふと思ったんだけど、『3C』って分類図になるのかな?」

「お、いい質問ですね。とてもタイムリーな質問です。3Cはとてもよく使われるフレームワークなので、ここでちゃんと構造化という観点でも整理しておきましょう」

コウゾウのスイッチが入ったらしい。目が心なしか大きく、明るくなったような気がする。

「タカシくんもご存じのとおり、3Cは、Customer(市場・顧客)・Competitor(競合)・Company(自社)の3つの頭文字を取ったものですが、ではこのフレームワークは誰が提唱したものでしょうか?」

「え、誰だろう? どっかアメリカの有名な人?」

「いや、実は日本人なのですよ。3Cは、『企業参謀』という書籍の中で、大前研一さんが提唱したものです」

「大前研一、聞いたことある」

「当時マッキンゼーのコンサルタントだった大前研一さんは、企業戦略を『競争相手との相対的な力関係の変化を、顧客の望む方向に自社にとって相対的に有利かつ持続できるように変化させるべく計画する作業』と定義しました。まさにこの3つのCを読み解くことで、戦略立案が可能になる、と言ったのですね」

「なるほど。**戦略を考えることは、3つのCを考えることだ**ということか」

「はい、そうなんです。ではタカシくん。ここからが本題です」

ここでコウゾウは一拍置いた。

「この3Cをどのように構造表現すればいいでしょうか?」

「え、それは、3つを並列に分類図として表現するこ

と……じゃないかな？」

「はい、こんな感じですね（図14）」

「そうそう」

「はい。それが一つの表現です。でも、実際に3Cの解説を書籍やネット上で見ると、以下のような三角形の表現パターンが多く見られます（図15）。これはどういう意図があるのでしょうか？」

「おお、確かによく見るかも。今までは何の疑問も持っていなかったけれど、構造表現としては意図を考えなきゃダメなんだね」

「はい。だとしたら、この三角形にはどういう意図を感じますか？」

「横に加えて縦の関係性ができているってことだよね。ということは？ 2つのPerspectiveがあるってこと？」

「はい。まさに。まず一つ目の横のPerspective

図14　3Cの構造を表現してみる（並列）

図15　3Cの構造表現例（三角形）

について は、自社と競合なので、その業界内における『競争関係』で分けられていることがわかるでしょう」

「そうか。とすると、縦は何だろう？」

「これは一つの仮説ですが、選ぶ側なのか、選ばれる側なのか？というPerspectiveが考えられます（図16）。

つまり一般論として、顧客は、どの企業の商品やサービスがあるかを選ぶことができる立場であり、自社や競合は選ばれる立場であるということです」

「なるほど。つまり、この同じ3Cであっても、このような上下の構造表現からは、戦略というものは『市場・顧客』にどう選ばれるかによって決まる、というニュアンスを感じ取ることができるってことか」

「はい、そのとおりです。では、もう一つ。同じ3Cでも、このような表現方法もあります（図17）。この構造表現は何を意図しているのでしょうか？」

図16　Perspectiveの意味を考える

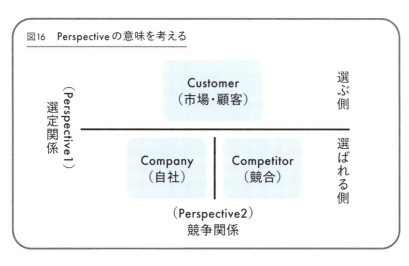

「えっと。ちょっと待って。これは、自社だけをあえて下にしているんだよね？ってことは……縦には『外部・内部』というPerspectiveがあるのかな」

「そのとおりですね。では横は何でしょう？」

「顧客は契約などを通じて直接的に自社に影響を及ぼすけど、競合はそういう意味では間接的って感じがするな」

「ということは、横は『自社への影響関係』というPerspectiveですね（図18）。さすがです！」

「同じ3Cですが、こちらの構造表現からは、戦略というものはコントロールできない外部の影響を踏まえて、どうやって自社を外部環境に適応させていくか、というニュアンスを感じ取ることができます」

「なるほど。どう配置するかによってニュアンスが変わるんだね」

「はい。同じ3Cであっても、特段意味を持たせない分類図の表現もあれば、上下の変数を加えることで、よ

図17　このように表現したときのPerspectiveの意味は？

り『Customer』に注目させる構造表現や、『Company』に注目させる構造表現があることがわかると思います。

このように、**分類図はこう表現しなくてはならないという決まりはなく、この構造によって何を実現したいのかによって表現が変わる**ということなんです」

「そうか。無意識であっても、つくった構造表現は、何かの意味を持ってしまうということでもあるんだね」

「はい。だからこそ、大事になってくるのは、Purposeです。Purposeに近い構造表現を考えることが重要なんです」

図18　図17のように表現したときのPerspectiveの意味

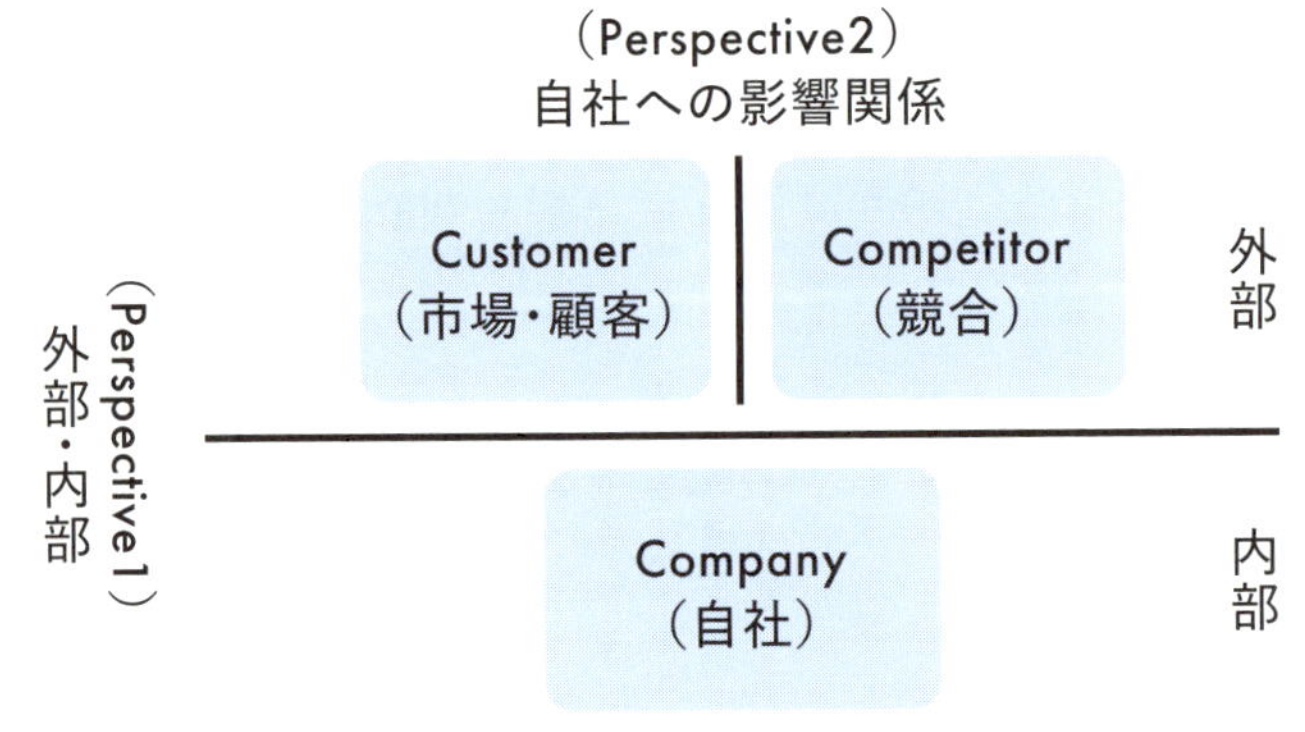

2 フロー図
順番に意味がある構造表現

「はっ、分類図に時間をかけすぎました！」

時計を見たら、もう1時間が経過していた。まだ外は暗いが、朝は近い。

「急いで先に進みましょう。2つ目はフロー図です。分類図が『一つのPerspectiveで、Pillarの順番には意味がない構造表現』だとしたら、フロー図というのは『一つのPerspectiveで、並べる順番に意味がある構造表現』になります」

「なるほど。流れがあるからフローなんだね」

「はい。ちなみに、システム処理や業務フローを整理する際の手順を示したものも、フロー図とかフローチャートと呼ばれます。こちらのフロー図は、独自の表現ルールを持ったものになりますので、いったん割愛しますね」

「OK。じゃあフロー図の具体例を見せてくれる？」

「はい、たとえば、新人社員に対してプレゼンテーションのポイントについて教える際の構造を考えるとき、以下の構造表現が一例として考えられます（図19）」

「うん、こんな流れだね」

「はい。ご覧のとおり、これは順番に意味がある構造表現です。そのために、表現においても流れを示唆する矢印型のボックスを使っています」

「そっか。よく矢羽《やばね》と言われる形だね」

「はい。おそらく、このタイプのフロー図は、タカシ君も仕事でかなり接点があるのではないですか？」

「うん、そうだね。よく見るよ」

「しかし、日頃接しているこのフロー図には、2種類あるということを理解しておくといいでしょう」

「2種類のフロー図？」

「はい。その2種類とは、行為をPerspectiveにする**行為型フロー図**と、状態をPerspectiveにする**状態型フロー図**というものです」

図19　行為型フロー図

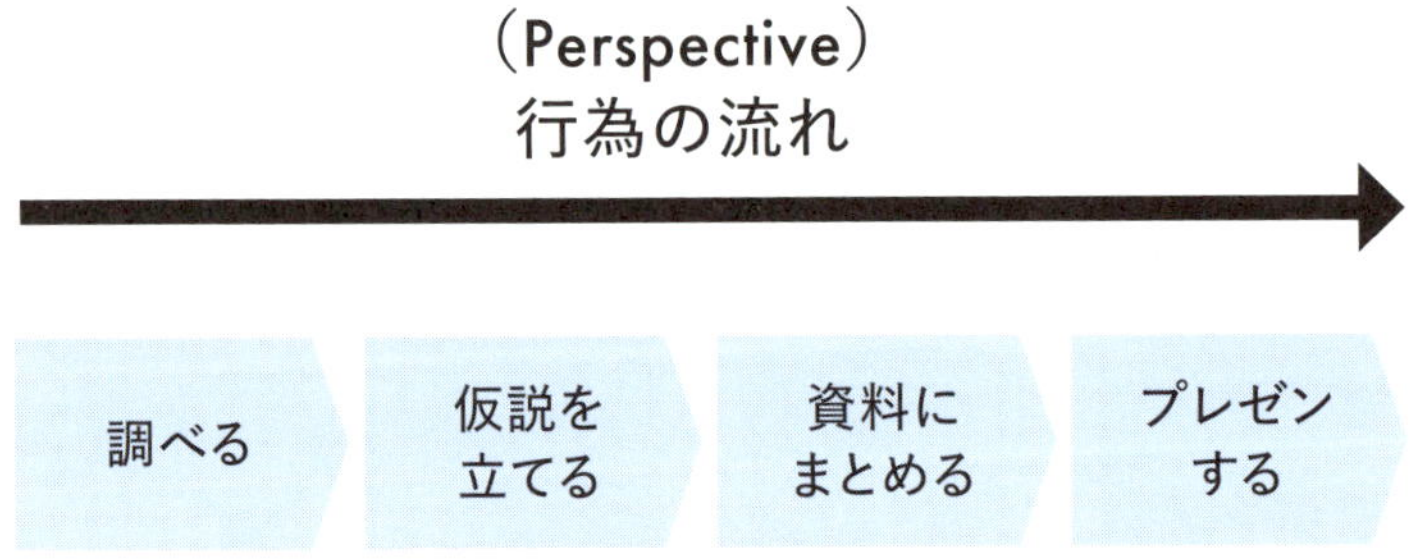

「ん？どういうこと？」

急にレベルが上がったような気がして、僕の思考は止まった。

「行為型フロー図というのは、行為の流れを表現するものです。先ほどフロー図の見本として出した例を見てください」

僕はもう一度コウゾウの目から映写されているフロー図を見た。

「これは、『調べる』という行為や『仮説を立てる』という行為を並べているのがわかりますか？」

「うん、確かに。じゃあ、状態型フロー図とはどういうものなの？」

「先ほどと同じプレゼンテーションのポイントの事例を状態型フロー図で表現すると、このようになります」

と言いながら、コウゾウは映写を切り替えた（図20）。

図20　状態型フロー図

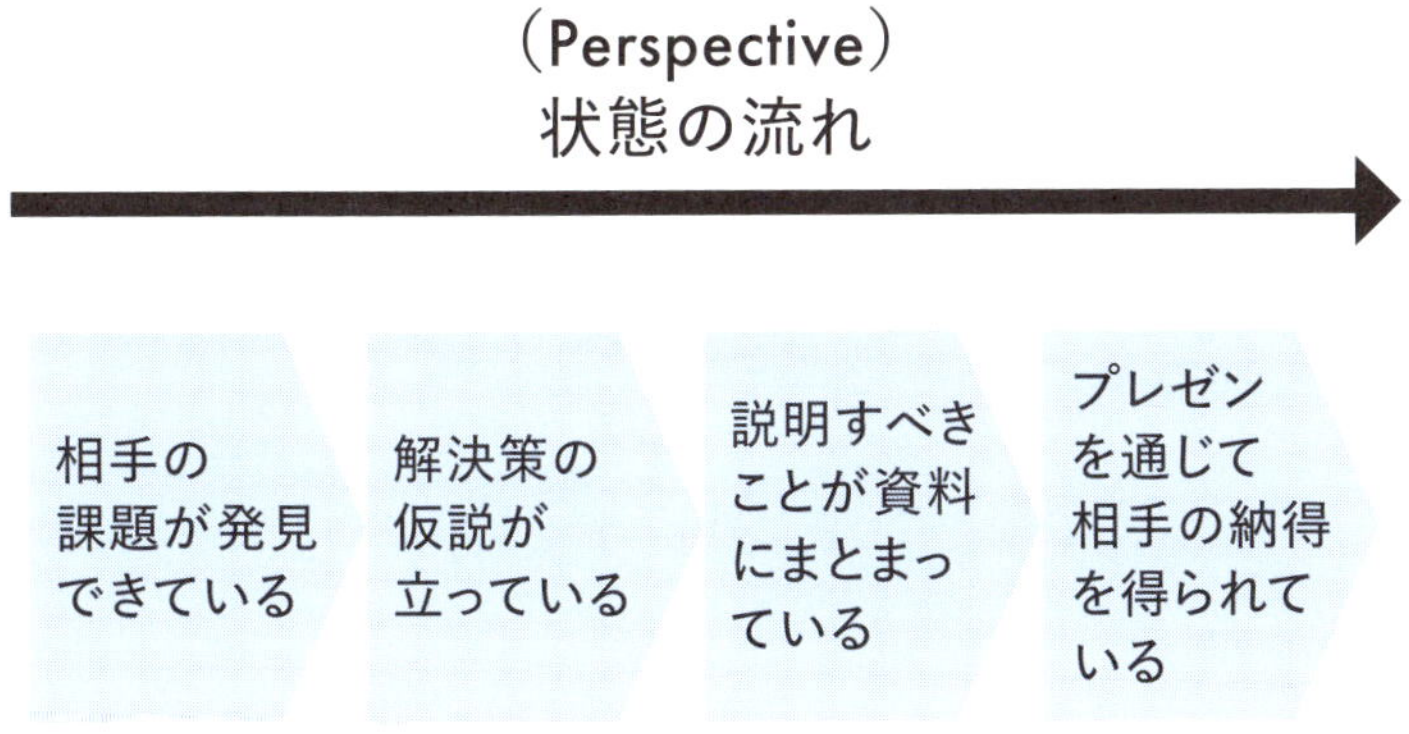
（Perspective）
状態の流れ
相手の課題が発見できている
解決策の仮説が立っている
説明すべきことが資料にまとまっている
プレゼンを通じて相手の納得を得られている

「おお、確かに。こちらがどんな行為をするか、ではなくて、相手がどういう状態になっているかのフローになっている。なるほど」

「そうなんです。状態型フロー図は、行為の結果として実現したい状態がPillarとして表現されます。したがって、『調べる』ではなく、『調べた結果、どういう状態になっているのか？』ということがPillarに表現されるわけです」

「しかし、状態型というのは相手の視点に立つわけだから、なかなか難しいね」

「はい、そうなんです。『調べる』という行為はやろうと思えばできますが、それが必ずしも『相手の課題が発見できている』という状態になるわけではありません。したがって、行為型フロー図の表現では、やりっぱなしのまま終わってしまう可能性が残るんです」

「そうか。とするならば、ちゃんと仕事が回っているかを確認するためには、状態型フロー図のほうが意味があるんだね」

「はい。もしフロー図を描くのであれば、一手間かけて、状態型フロー図をつくるほうがいいかもしれません」

「確かに。うちの部では行為型フロー図を使って仕事の分担をすることが多いんだけど、よく仕事に抜け漏れが起きるんだよね。その理由は、みんな定義された自分の行為だけに注目しているからなのかな」

「そうですね。行為型フロー図でタスク分けをすると、どうしても行為だけに目が行って、状態のことを軽視しがちになります。それが軋轢を生むんですよね。だから、**フロー図はできるだけ状態型のほうが望ましい**と思います」

「うん、そうだね」

3

循環図

フロー図の循環版

「では、この流れで、次の構造表現へいきましょう。フロー図の変形版として紹介したいのが、循環図です。この循環図は、手順の流れを示しているという意味でフロー図と同じなのですが、最後のPillarが最初のPillarへとつながっていくという特徴があります」

「ふーん。ＰＤＣＡサイクルとかは循環図なのかな？（図21）」

「そうですね。まさに代表的な構造表現なのでわかりやすいと思います。私たちの身の周りで起きている課題を構造的に整理しようとすると、一方向ではなく、循環であることに気づくことがあります。そういう場合は、このような循環図で表現するほうが適しているでしょう」

僕は頭の中で、どんなことが循環しているのだろうと必死に考えていた。

「たとえば、これは、採用に失敗した企業の課題を循環図で構造表現した事例です」

と言いながら、コウゾウは映写をした（図22）。

図21　PDCAサイクル

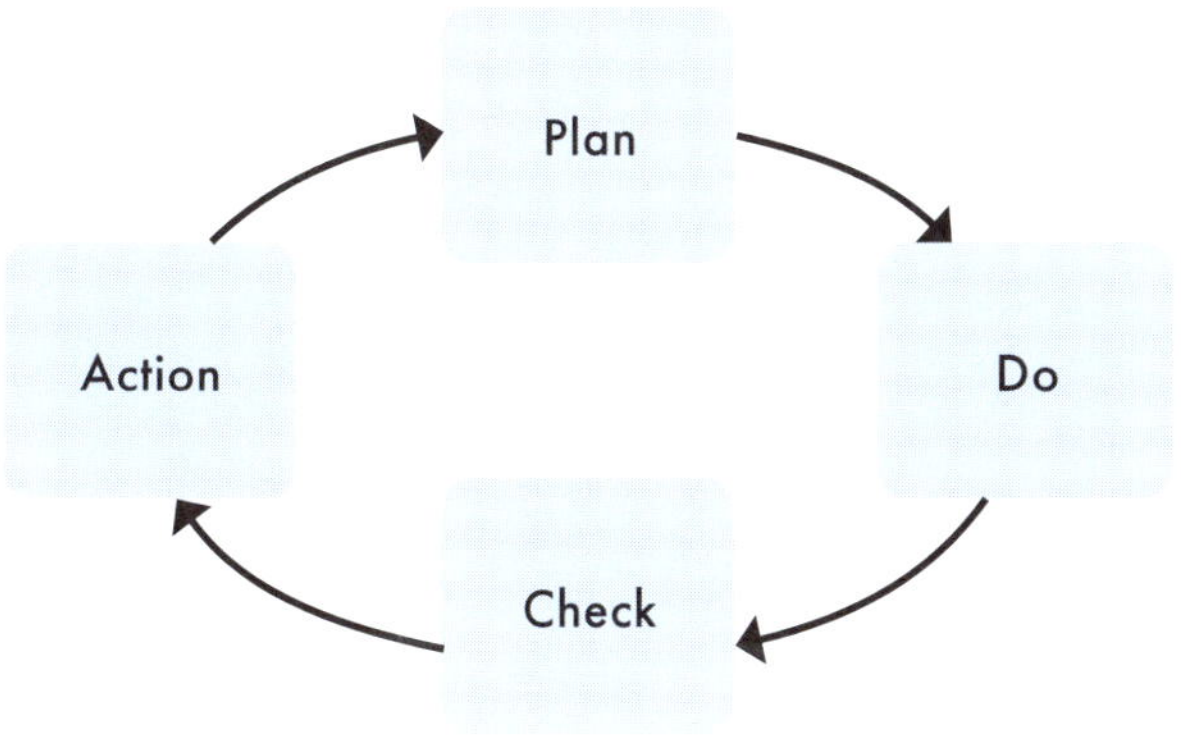

図22　企業の採用課題を循環図で構造表現する

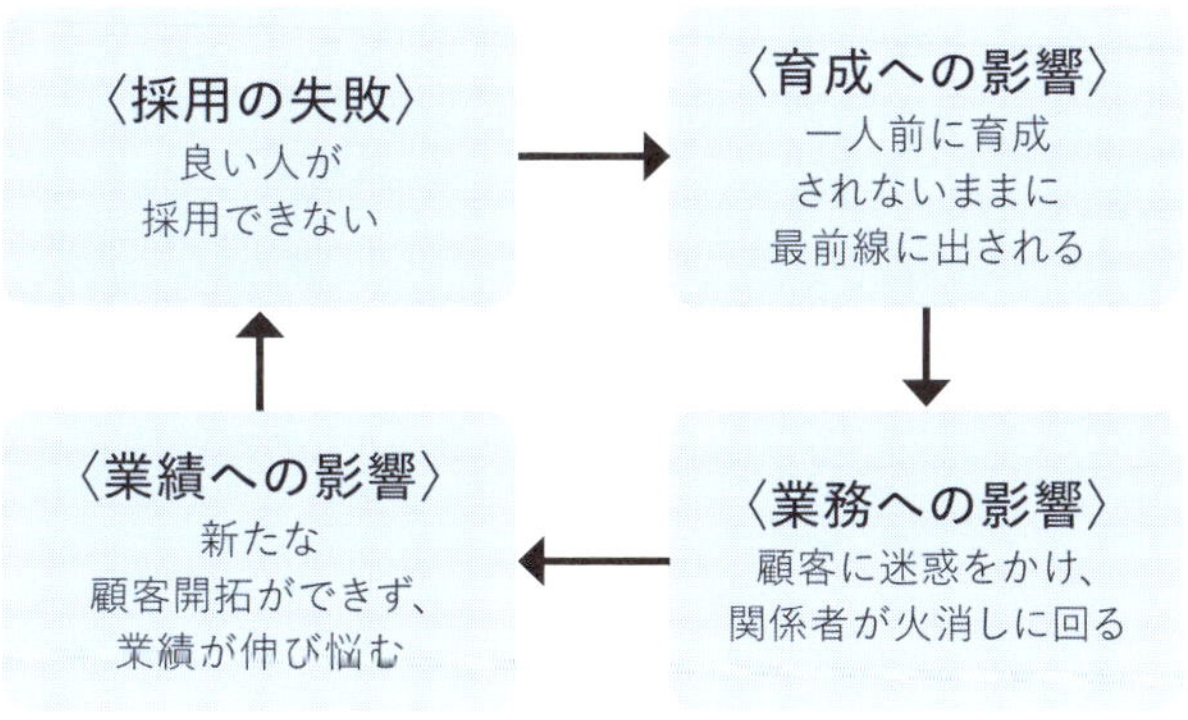

なるほど。というか、これってうちの現状じゃないか、とも思った。確かにこういう悪循環はよくありそうだ。

「でも、この悪循環はまさにうちで起きていることと似ているからわかるんだけど、この循環図の解像度はけっこう粗いよね？　もう少し緻密にできそう」

「そこがポイントなんです。この手の課題の循環図をどこまで緻密につくるか。それを決めるのは何だと思いますか？」

「あ、やっぱりPurposeに戻るのか」

「はい、まさに。たとえば、現在生じている課題の大まかな解決策の方向性について会議で議論したい、というPurposeであれば、そこまで緻密な循環図は不要です」

「どのへんに着手すればいいかがわかればいいからね」

「はい。ただ、そういうPurposeを忘れて、過度に緻密になってしまって壮大なスパゲッティのようにからまった循環図が出来上がり、余計混乱してしまうケースが多いのです」

「確かに、つくっているうちに細かくいろいろ書き込みたくなってしまうのかも。気持ちはよくわかる」

「なので、**循環図を作成する場合は、緻密化の欲求を抑えて、俯瞰しながら大きなPillarだけを捉えることに注力する**ことが重要です」

4

ベン図

Pillarに重なりのある分類図

「それでは4つ目の構造表現にいきましょう。次はベン図です」

ベン図？ 数学の授業で聞いたような……。

「ベン図とは、イギリスの数学者ジョン・ヴェン（John Venn）が考案した、複数の集合の関係や集合の範囲を視覚的に図式化したものです。だから、正式にはベン図ではなくヴェン図という発音になります。どうでもいいことですが」

コウゾウは「ヴェン」のところだけ下唇を上の歯につけたような発音をした。実際には音声モジュール経由でスピーカーから発音さ

れているはずなのだが、一応、口の形をした穴も音声に合わせて動くようになっているらしい。そのあたりは変なリアリティがあって不思議な感じだ。

「ん？　どうかしましたか？」

僕は知らず知らずに、コウゾウの口元を凝視していたことに気づいた。

「ううん、何でもない。続けて」

「はい。最初に分類図をご紹介しましたが、ベン図はPillar同士に重なりのある分類図、と考えていただけるとわかりやすいと思います」

「なるほど」

「たとえば、3教科のうちで好きな科目に答えてほしいとき、そのオプションを表現するためには、このようなベン図を使うとわかりやすいでしょう（図23）」

図23　「3教科のうちで好きな科目は？」を表現するベン図

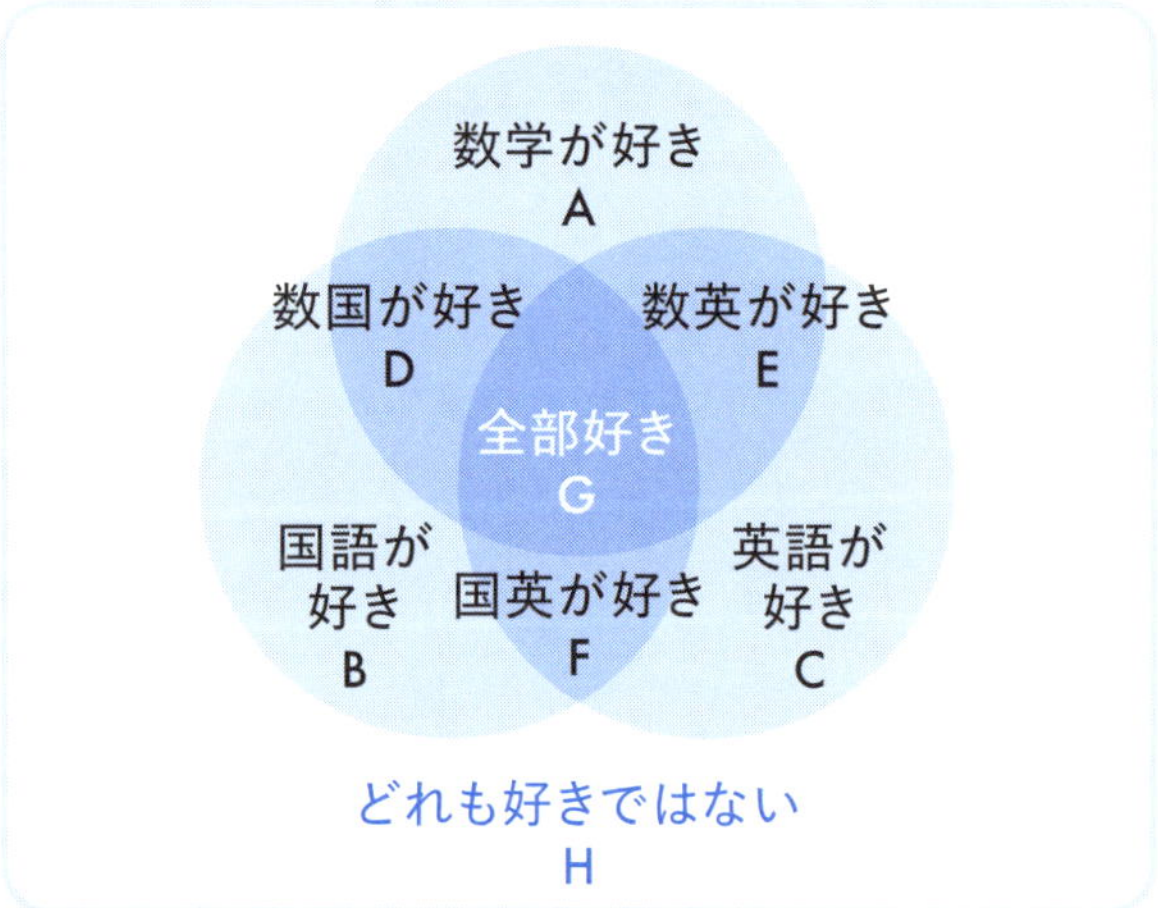

「このベン図は、好きな科目というPerspectiveに基づき、3教科のPillarで分けたものです」

「なるほど。そして、ベン図は、この事例みたいにPillar同士に重複がある場合に効果的なんだね」

「はい、そうなんです」

「これを見て思い出したんだけど、コウゾウは『ikigai』って知ってる？」

「『ikigai』ですか？ はい、知ってますよ」

コウゾウの脳はインターネットにつながっているはずだ。だから、知識として知らないことはないのかもしれない。

「『ikigai』は、ビジネスコーチであり起業家でもあるマーク・ウィンが、2014年にブログの中で書いたベン図のことですね。彼のブログのベン図を拝借して、翻訳を加えたものを投影しましょう（図24）」

図24　「ikigai」を表現するベン図

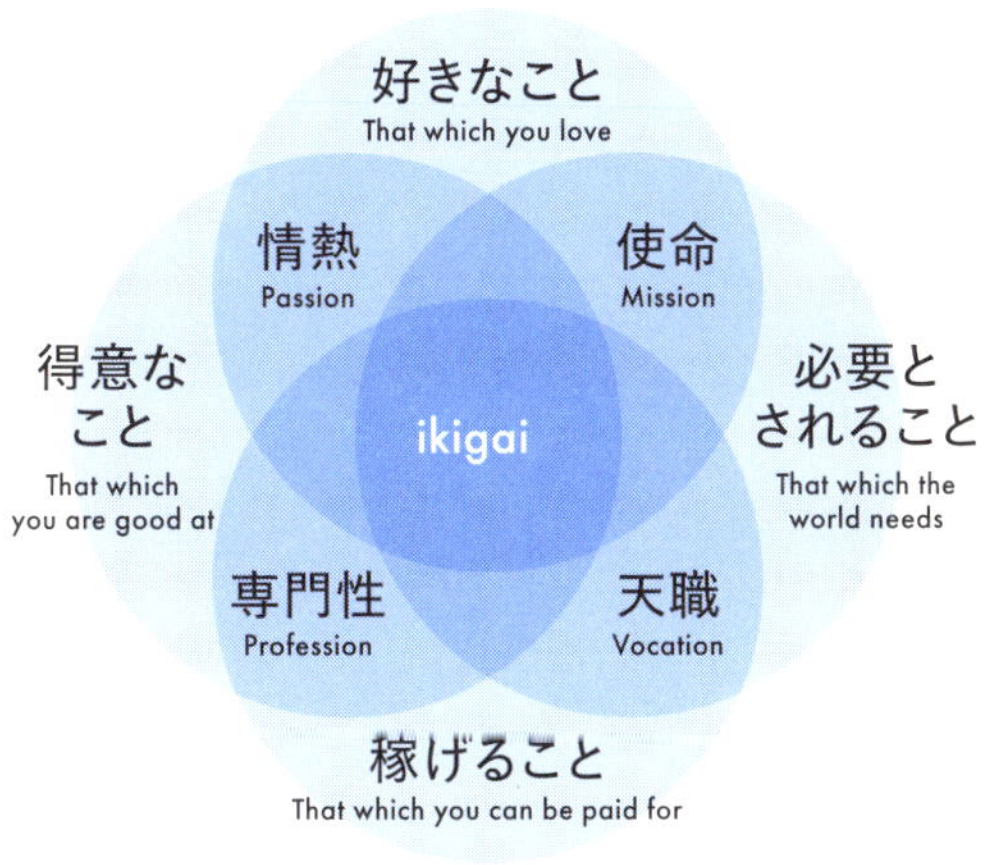

「あ、これこれ。これもベン図だよね?」

「はい、そのとおりです。このベン図は多くの人の関心を集め、瞬く間に世界中に広がりました。すごいですよね。マーク・ウィンは、このブログを書くのに45分しかかからなかったとのことです。また、どうやら彼は日本語として『ikigai』という言葉を使っていますが、これは必ずしも日本文化を深く研究した結果というわけではないようです」

コウゾウはChatGPTのようにいろいろな補足知識を加えてくれる。僕は「ikigai」という言葉とベン図があることくらいしか知らなかったのでありがたい。

「そして、このベン図のアレンジやこの概念をベースにした書籍、具体的にはヘクター・ガルシアとフランセスク・ミラージェスによる『Japanese Secret to a Long and Happy Life』なども出版され、自分の生き甲斐は何か?ということを問うきっかけを生み出しました。まさに『ikigai』のベン図はミームとなったのです」

「なるほど。その動きが僕のところまで伝わってきたんだね。でも、この概念がここまで広がった背景の一つに、これがベン図で描かれていることにあるのかもね。やっぱり一目で見てわかりやすいもん」

「はい、それは間違いなくあると思います。たとえば、同じメッセージをこのように分類図的に表現することも可能です(図25)」

「うーん、言ってることは似ているけど……。なんか違うね」

「ですよね。このような分類図ではこの概念は伝わりきらなかったと思います。この『ikigai』の本質は、Pillar同士の重なりがあるからです」

「なるほど。わかった。それぞれ個別に存在する『好きなこと』『必要とされること』『稼げること』『得意なこと』という4つの集合があるんだよね。2つの集合くらいなら重なるかもしれないけど、4つの集合が重なることは奇跡に近い。そのような重なったときの奇跡的な美しさを構造的に表現するには、ベン図しかないんだろうね」

「奇跡的な美しさの構造表現！　タカシくん、さすがです。すごい。ベン図の効果を一言で表現しましたね」

図25　「ikigai」を分類図で表現すると…

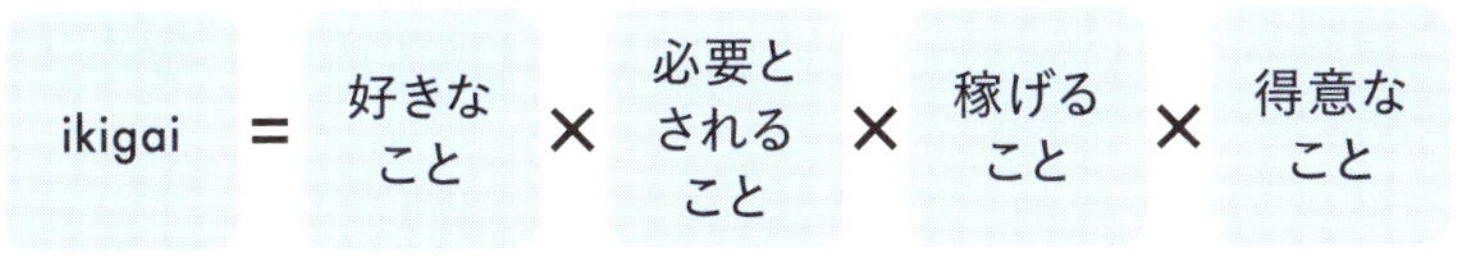

そう言いながら、コウゾウは目をクルクル回した。これはたぶん新たな表現や知見をコウゾウの中のデータベースに取り入れるときのサインなのだろう。

こうやってコウゾウは成長していくのか！

5
ピラミッド図
実は2つのPerspectiveを含んだ構造表現

「さて、それでは次の構造表現です。今まではPerspectiveが一つの構造表現を4つほどご紹介しましたが、次からはPerspectiveを複数取り入れた構造表現を3つご紹介します。まずその一つ目は、ピラミッド図です（図26）」

「おお、これはよく見る。でも、これってPerspectiveは『職位』だけで一つじゃないの？」

「そう感じますよね。でもよく見てください」

「ん？ よく見ているつもりだけど？」

「もしPerspectiveが『職位』一つだけだったら、どういう構造表現になるでしょう？」

図26　ピラミッド図

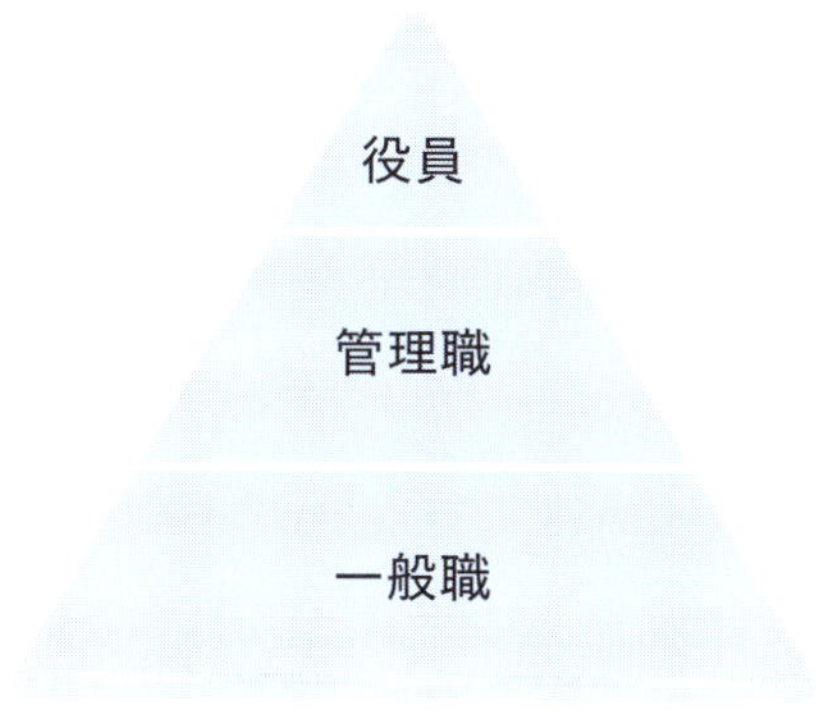

「あ、単に上下に箱が並んでいる感じになるね。ってことは？」

「はい。この図の縦軸のPerspectiveは『職位』ですが、横軸もあるんですよね」

「ひょっとして『規模』？」

「はい、そのとおりです。『職位』と『規模』という別のPerspectiveが同時に表現されている構造表現なんです（図27）」

「ピラミッド図はどうしても縦のPerspectiveが注目されがちですが、ここで忘れてはならないのが、横の存在です。下の規模は大きく、上に行けば行くほど小さくなる、ということが前提にあるのです」

「なるほど。じゃあ、その規模って何の規模なんだろうね？」

「良いポイントです。たとえば、この図の規模の正体は、おそらく人数規模でしょうね。

図27　ピラミッド図のPerspectiveに注目する

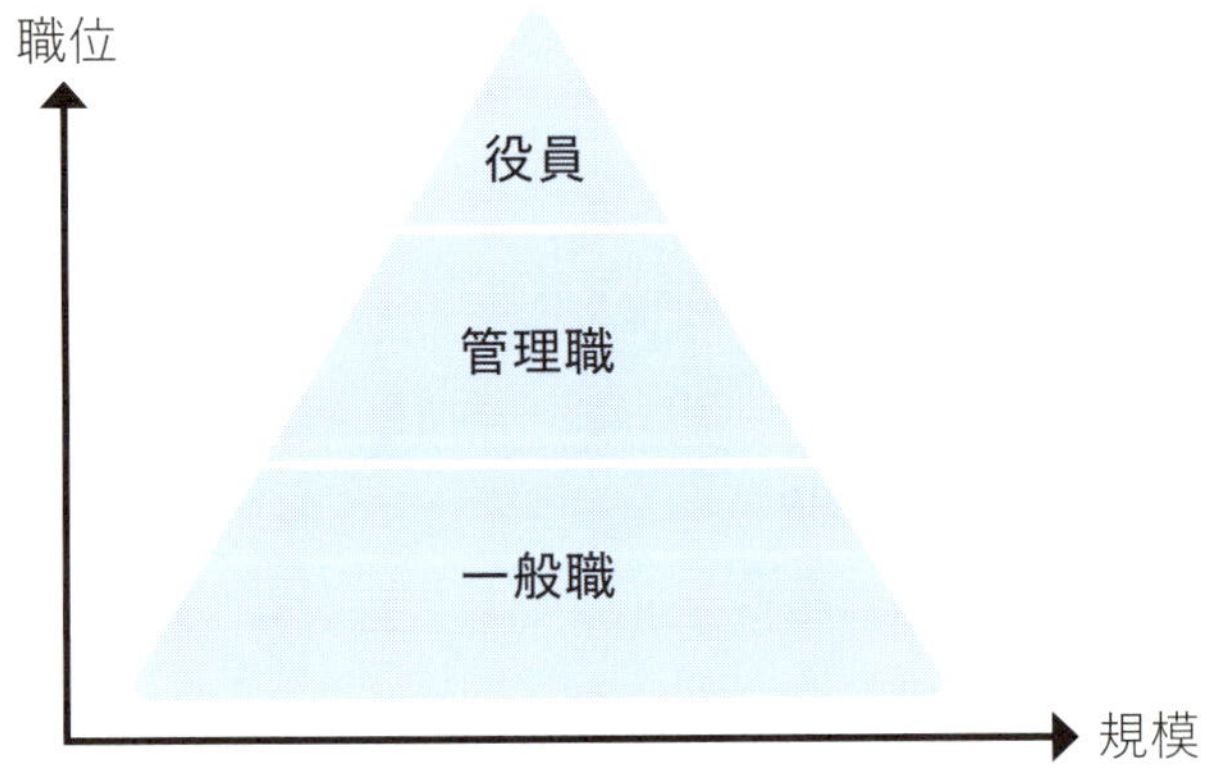

しかし、実はピラミッド図には、横のPerspectiveの正体が明かされないままに使われるものも多いので要注意です。たとえば、産業構造を語る際に、このようなピラミッド図の構造表現が使われることがあります（図28）。

この縦のPerspectiveは、プライムベンダーから中堅ベンダーへ、そして中堅ベンダーから中小ベンダーへと下る依頼の流れであるとわかります。では、横は何でしょうか？」

「え？社数かな？」

「おそらくそうですよね。でも、この手のピラミッド図って軸が何も書いてないんです。だから正確にはわかりません」

「なるほど。確かに。この横のPerspectiveが、たとえば売上だったら、だいぶ見え方は変わるよね」

「はい。たぶんプライムベンダーの横幅はもっと広がり、中小ベンダーは狭くなるはず

図28　このピラミッド図はなぜ不完全？

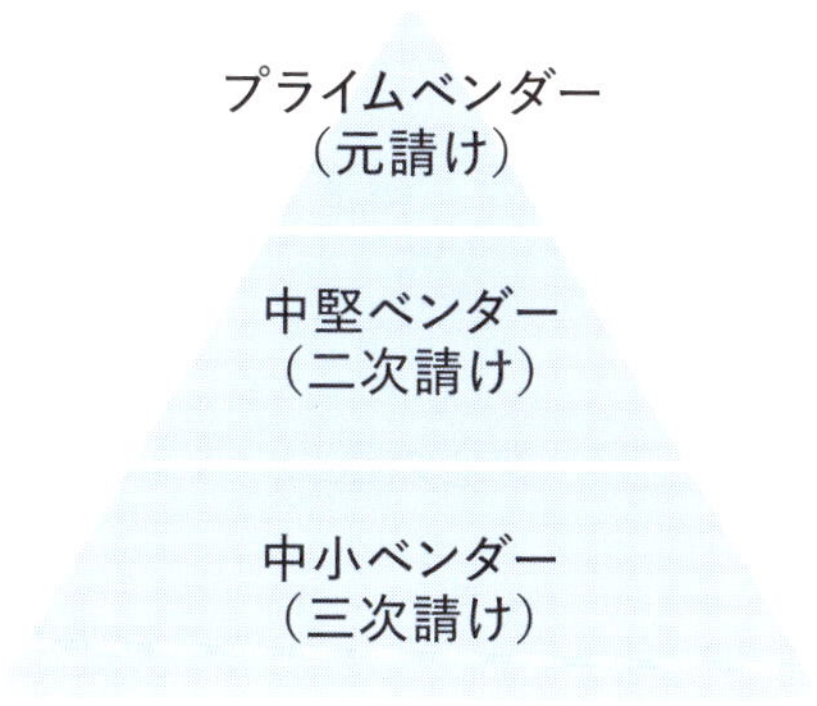

です。少なくともこのようなピラミッド図にはふさわしくない構図になるでしょうね」

「ピラミッド図は横軸、つまり2つ目のPerspectiveが何かを定義しておくことが大事なんだね」

「はい。もちろん、このような図は直感的にわかるために問題はないのですが、ピラミッド図は2つのPerspectiveが入っている構造表現だということを忘れないようにしましょう」


「話をしているうちに、ちょっと謎のピラミッド図を思い出してしまったよ」

「ほう。何ですか？」

「**マズローの欲求5段階説**ってやつ」

「確かに。これは有名な概念図ですよね」

と言いながら、コウゾウは即座に映写してくれた（図29）。

図29　マズローの欲求5段階説

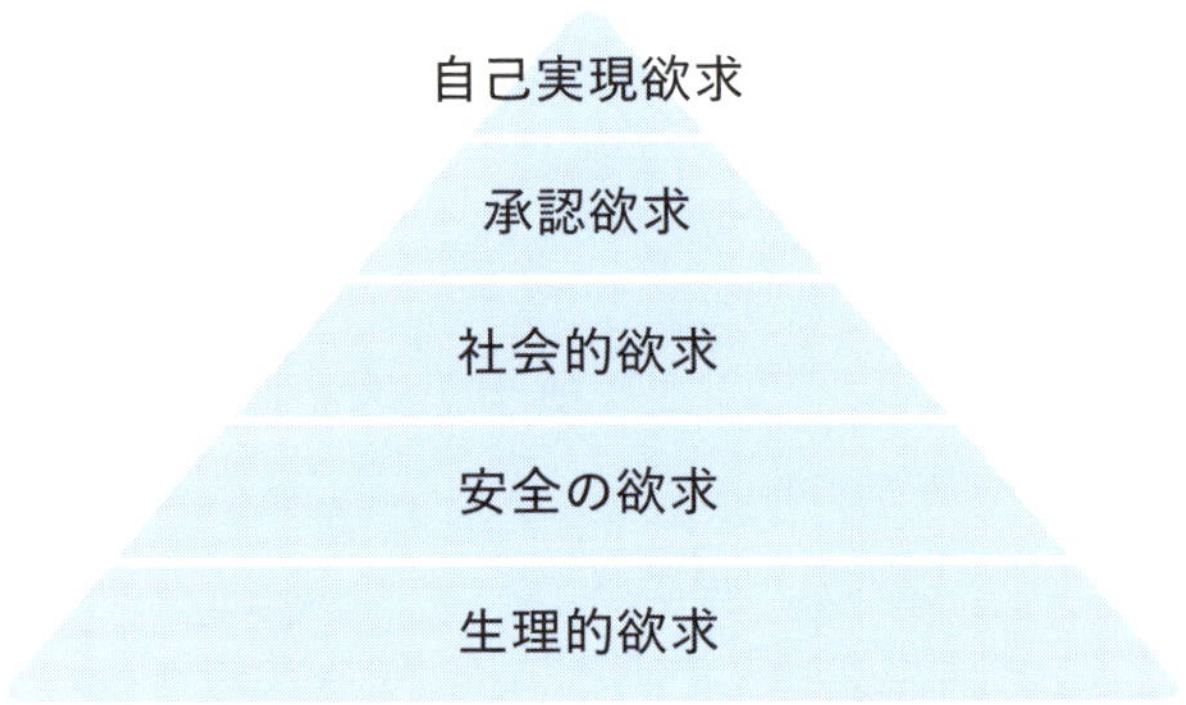

「そうそう、これこれ」

「アメリカの心理学者であるアブラハム・マズローは、人間の欲求には『生理的欲求』『安全の欲求』『社会的欲求』『承認欲求』『自己実現欲求』の5つがあり、それぞれが上下の階層に分かれていると定義した、と言われています。つまり、下位の欲求が満たされることによって初めて次の段階の欲求を求めるようになる、というものです」

「うん、そうだよね。でも、縦のPerspectiveは欲求の次元だとして、横は何だろう？欲求の大きさ？強さ？何だろう」

「良い着眼です。うーん」

珍しくコウゾウはあたかも何かを考えているかのように、虚空の一点を見つめている。おそらくデータを検索しているのだろう。

「ふむ。マズローの欲求5段階説の構造表現はたいていの場合、ピラミッド図で表現されていますが、横のPerspectiveが何かを示している図はほぼありませんでした」

「定義されてないのか！」

「はい。さらに、不思議に思って実際に調べてみると、マズロー自身は自身の著作の中でこのようなピラミッド図で表現したことはなかったようなのです。マズローは、欲求には階層があると述べただけであり、それを読んだ誰かがピラミッド図として表現したようですね」

「そうなんだ。ということはつまり、この構造表現は、本人の意図とは違うところで今日まで流通しているってことなんだ」

「面白いですよね。また、冷静に考えてみると、本当にこのように階層にはっきり分かれて、下の階層が満たされなければ上の階層に行くことがないのか、という点も疑問に残ります。実際にマズローは、著作の中で、必ずしもこの階層を経るものだけではなく、その例外は多いと書いているようです」

「へー、そうなんだ。そう言われてみると、確かに僕たちは生理的欲求が一部欠けている中でも、安全を求めたり、社会的欲求を満たそうとするからね」

「はい。まあPillarそのものの定義が曖昧だということがありますが、実際にはかなり重複しながら欲求を満たしていくというのが人間なのではないかと思います」

コウゾウから人間論を語られて、僕はついおかしくなって笑ってしまった。

「ん？ どうしました？ 何か変なことでも？」

「いやいや、何でもない。でも面白いよね。たぶんさっきの『ikigai』がベン図で表現したからこそ広まったことと同様に、この欲求5段階説もピラミッド図だからこそ広まったと思うんだ。ぱっと見わかりやすいからね。でも、こうやってピラミッド図で表現しちゃったから誤解が生まれたといえるよね」

「そうなんです。いずれにせよ、マズローの欲求5段階説には、今日多くの批判があります。表現も含めて、必ずしも安易に引用できるものではなさそうですね。もしマズローが自身の著作の中で別の構造表現をしていたら、伝わり方は変わっていたのかもしれません。そういう観点で、このマズローの構造表現のケースはとても示唆のあるもののように思えます」

「確かにそうだね」

僕はますます構造表現の面白さを感じていた。

6

マトリクス

2つのPerspectiveを同時に表現する構造の王道

「それでは残り2つです。次はマトリクス！構造表現の王道的存在です！」

終わりが見えてきたからなのか、だんだんコウゾウのテンションが高くなってきた。

「マトリクスは、2つのPerspectiveを同時並行に取り上げた構造表現です。もしPurposeに対して、重要なPerspectiveが2つ明確に存在するのであれば、マトリクスで表すのが最適です」

マトリクスは僕が一番聞きたかったことだ。難しい話をぱっと2×2のマス目で表現する人を職場でもたまに見かけるが、本当にうらやましいと思う。

「マトリクスの場合、基本的には縦軸、横軸に順序はありませんので、2つあるうちのどちらのPerspectiveを縦横に持ってくるのかは自由です。ただ、もし2つのPerspectiveに多少の軽重があるのであれば、横軸に第1優先、縦軸に第2優先を持ってくるのが良いでしょう」

「ほう。なるほど」

「なぜならば、私たちがマトリクスを見る際、その視線は、左上から右上、そして次に左下へ移って最後に右下へ、というようにZ型に動くと言われているからです」

僕は頭の中でマトリクスを思い浮かべながら、そうかもしれないと思った。

「また、マトリクスはPerspectiveが2つと言いましたが、Pillarも2つで、2×2の4つのセルが多用されます。その理由は、シンプルでわかりやすいからです。ただ、当然4マスでなければならないわけではなく、タカシくんのタスクを整理したときに使ったような2×3のマトリクスや3×3のマトリクスなどもあります」

「そうだね。そして、何が良いかはPurpose次第であると」

「そうです。だいぶわかってきましたね」

コウゾウはかわいい笑顔を見せる。

「一般論としていうなら、過度にPillarを増やすと、マトリクスをつくるのにも、読み手が理解するのにも時間がかかります。複雑すぎる表現は運用も難しくなりますから、基本は２×２で考えるのが良いと思います」

「了解！」

「さて、ではそうした基本を押さえたうえで、ちょっとマニアックな説明に入りましょう。このマトリクスには、２つのパターンが存在するのです」

そう言いながら、コウゾウは下がって自分の背面にＵＳＢケーブルを差し込んだ。また充電が切れてきたのだろう。

「一つは『**テーブル型マトリクス**』です」

コウゾウはＵＳＢケーブルを差し込んでほっとした表情を見せながら解説を続けた。

「たとえば、このようにスキルとやる気で４つのセルに分けたとした場合を考えてみましょう」

コウゾウは画像を映写した（図30）。たぶん、この映写が電池を消耗するのだろう。

「うん、よく見たことがあるマトリクスだ」

「これをテーブル型マトリクスと言いますが、これはセルの中の位置には意味がありません」

「ん？ どういうこと？」

「たとえば、左上のセルにはAさんとBさんがいますが、このAさんとBさん2人の位置には意味がないということです」

「ああ。つまり、4つのセルのどこに入るのかが伝われば良い、ということね」

「はい、そのとおりです」

「ということは、セルの中にも意味がある構造表現があるということだね?」

「はい、それが**『ポジショニング型マトリクス』**と言われるものです。たとえば、同じようにスキルとやる気の4つのセルで分けた場合で見てみましょう(図31)」

「おお、これは確かに違う。細かくポジショニングを表しているね」

「はい。『テーブル型マトリクス』では差異が見えなかったセル内でのポジションが、この構造表現ではさらに緻密に示すことができるということです」

図30　テーブル型マトリクス

	やる気なし	やる気あり
スキルあり	**様子見** Aさん Bさん	**抜擢** Cさん
スキルなし	**再配置** Dさん Eさん Fさん	**育成** Gさん Hさん

「うん。ここまでくると、構造表現というよりも、データ表現に近くなってきているね」

「はい。そのとおりです。そして、『テーブル型マトリクス』と比べて、『ポジショニング型マトリクス』のほうがより微妙な差異が表現できますが、そのぶん複雑さは増すことになります。一概にどちらが良いということではなく……」

「Purpose次第ってことだ」

「先回りされましたね。はい、そうです。たとえば『再配置が必要な人たちは誰か？』ということを明らかにすることがPurposeなのであれば、『テーブル型マトリクス』で十分です。Purposeに応じて、どれくらい緻密な表現が必要なのか、という観点で選択することが大事です」

「ねえ。ちょっと聞いていい？」

図31　ポジショニング型マトリクス

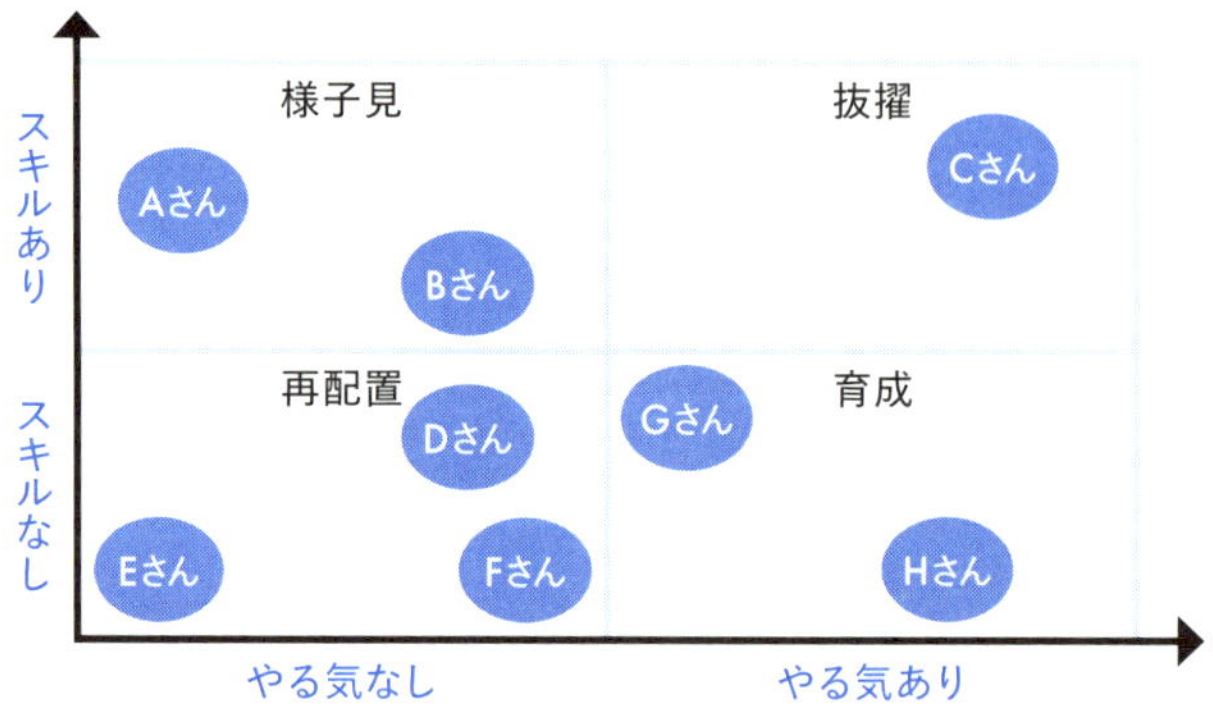

「どうぞ」

僕はふと疑問が浮かんできた。

「マトリクスではPerspectiveが2つと言ってたじゃない？ でも、同時に3つ以上のPerspectiveを表現したくなったらどうしたらいいの？」

「なるほど。いくつかやり方があります。一つの答えは、マトリクスをあきらめることです。後で紹介するロジックツリーはそのための構造表現ですね」

「そうか。マトリクスにこだわるとしたら？」

「2つに絞り込むことをお勧めします。なぜならば、3つ以上のPerspectiveを同時に処理することはかなり難しいからです」

「やっぱりそうか」

「でも、例外的に3つのPerspectiveなら、マトリクスでギリギリ表現できる方法があるんです。聞きたいですか？」

「うん、もちろん」

「繰り返しますが、マトリクスはまず2つのPerspectiveが重要です。その2つを選んだうえで、おまけとして、もう一つのPerspectiveの表現形式を工夫するのです」

「ほう？ 具体的には？」

「たとえば、先ほどの『ポジショニング型マトリクス』の事例で示したスキル×やる気に加えて、勤続年数という3つ目のPerspectiveがどうしても必要だったとします。そんなとき、このようにそれぞれの円の大きさで勤続年数を表現するのです（図32）」

「おお。確かに。表現形式を工夫するってこういうことか」

「はい。こうすることによって、3つのPerspectiveを辛うじて同時に表現することが可能になります。『3次元マトリクス』ともいわれますが、シンプルさを犠牲にして、その代わりに一覧性を重要視した構造表現といえるでしょう」

「あ、でも似たような構造表現を見た記憶があるぞ」

「はい。それはおそらく『**プロダクト・ポートフォリオ・マトリクス**』じゃないですかね？」

「そうだったっけな？　英語3文字だったような記憶がある」

図32　3つ目のPerspectiveを円の大きさで表現する（勤続年数）

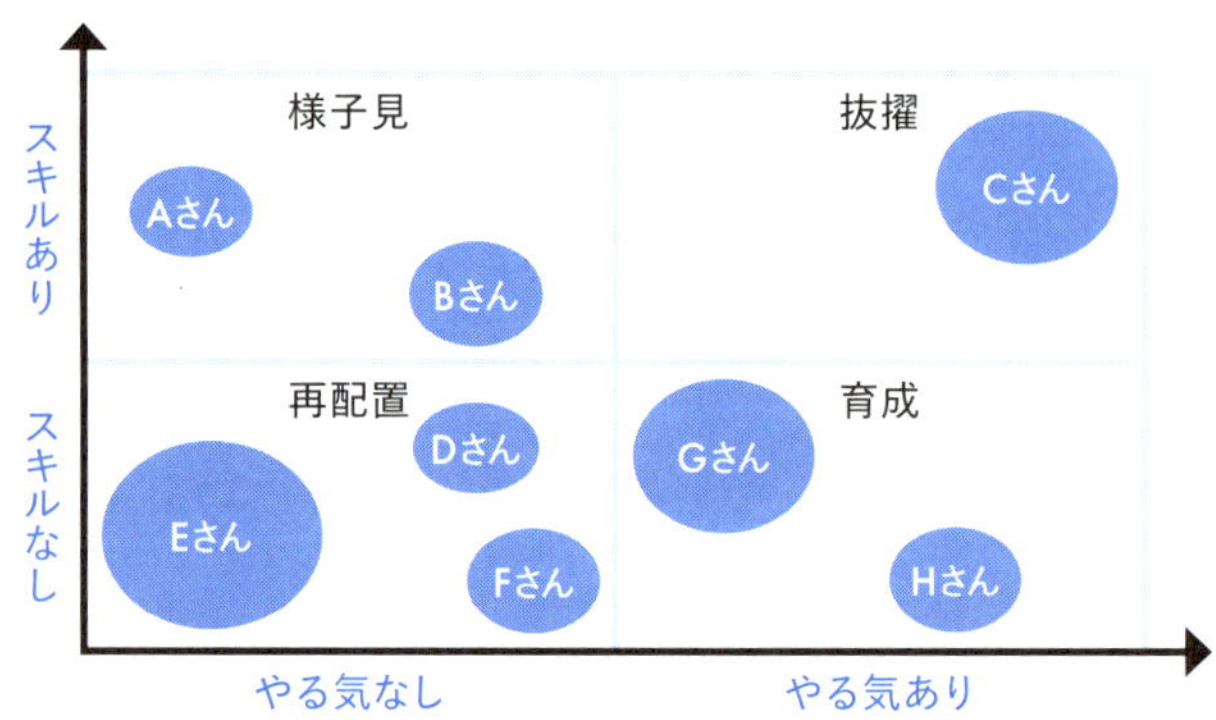

「おそらくＰＰＭですね。プロダクト・ポートフォリオ・マトリクスの頭文字です」

「あ、そうそう。ＰＰＭだ」

「ＰＰＭもとても有名な構造表現ですね。経営戦略論に興味がある人は絶対に知っているフレームワークです。これは、１９７０年代に経営コンサルティングファームのボストン・コンサルティング・グループが開発したビジネスを理解するための『構造』であり、このの『構造』は当時の経営者に多くのヒントを与えました。そういう意味では、ビジネス史上でインパクトを与えた一つの『代表的構造』ということができるでしょう」

と言いながらコウゾウは映写した（図33）。

「あ、これこれ。これも『３次元マトリクス』だね。でも、そんなすごいものだったんだ。どうりで僕も知っているわけだ」

図33　プロダクト・ポートフォリオ・マトリクス（PPM）

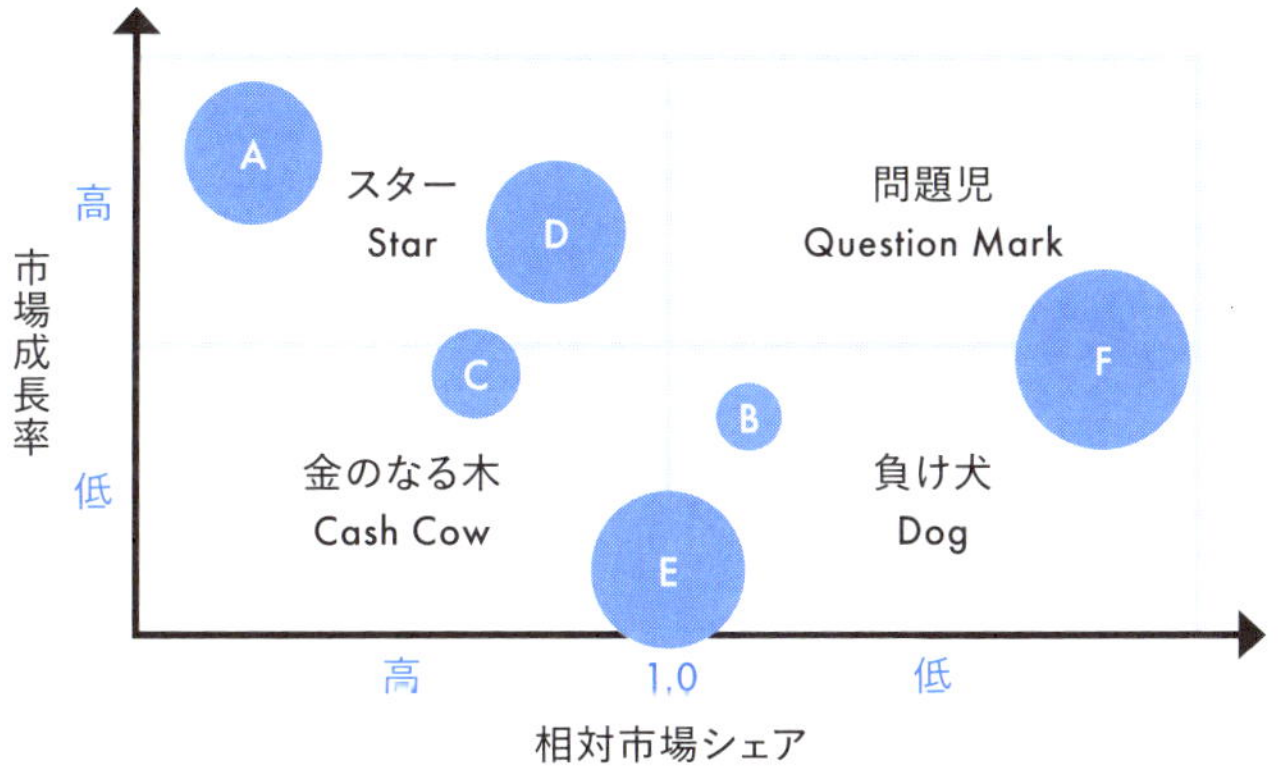

「PPMは、縦のPerspectiveに『市場成長率』、横に『相対市場シェア』の軸をとり、それぞれ高低というPillarで区切ることによって、4つのセグメントによって事業をプロットするものです。そして、3つ目のPerspectiveは『事業の売上』で、それは円の大きさで示していきます」

「お、おお。一気に難しくなってきた」

「まあ、細かい説明はひとまずスキップしましょう。で、この構造表現は何を理解するためのものだと思いますか？」

「うーん、何だろう？ スターとか負け犬とかの言葉を見ると、事業がどれくらい価値があるのか、ってことを表現するものなのかな？」

「はい。たとえばタカシくんの会社にはいくつの事業部がありますか？」

「えーっと、うちは10事業だったかな」

「なかなか大きな会社ですね。そこまで大きな会社になると、10個の事業にどうやってお金や人を配分していくのか、ちょっと難しいと思いませんか？」

「確かに。うちの事業部はいつも予算をもらえずに割りを食ってるって、上の人がよく愚痴ってるよ。売上はまだそれほど大きくはないんだけど、これから成長していくんだから、もっと投資してほしいと言ってた」

「そうですよね。でもおそらく他の事業部もいろいろ言い分があると思いませんか？」

「うん、みんなそれぞれ言いたいことはありそう」

「だから、そのあたりはキチンと統一基準が必要なんです。それが『市場成長率』と『相対市場シェア』という2つのPerspective なんです」

「なるほど。異なる事業を一目で判断するために、まずこの2つのPerspectiveで事業を判断するということか」

「はい。そして、それぞれのセグメントは、『スター』『金のなる木』『問題児』『負け犬』と命名されました。なかなかユニークなネーミングですよね（図34）」

「うん。さすがに自分のいる事業は『負け犬』とか呼ばれたくないよね」

「はい。『負け犬』はまず撤退や売却の検討がなされるエリアですからね」

「でも、かなり大雑把すぎる気もするな。こんな市場成長率とか相対市場シェアとかで複雑な事業を判断しちゃっていいの？」

図34　2つのperspectiveで事案を判断する

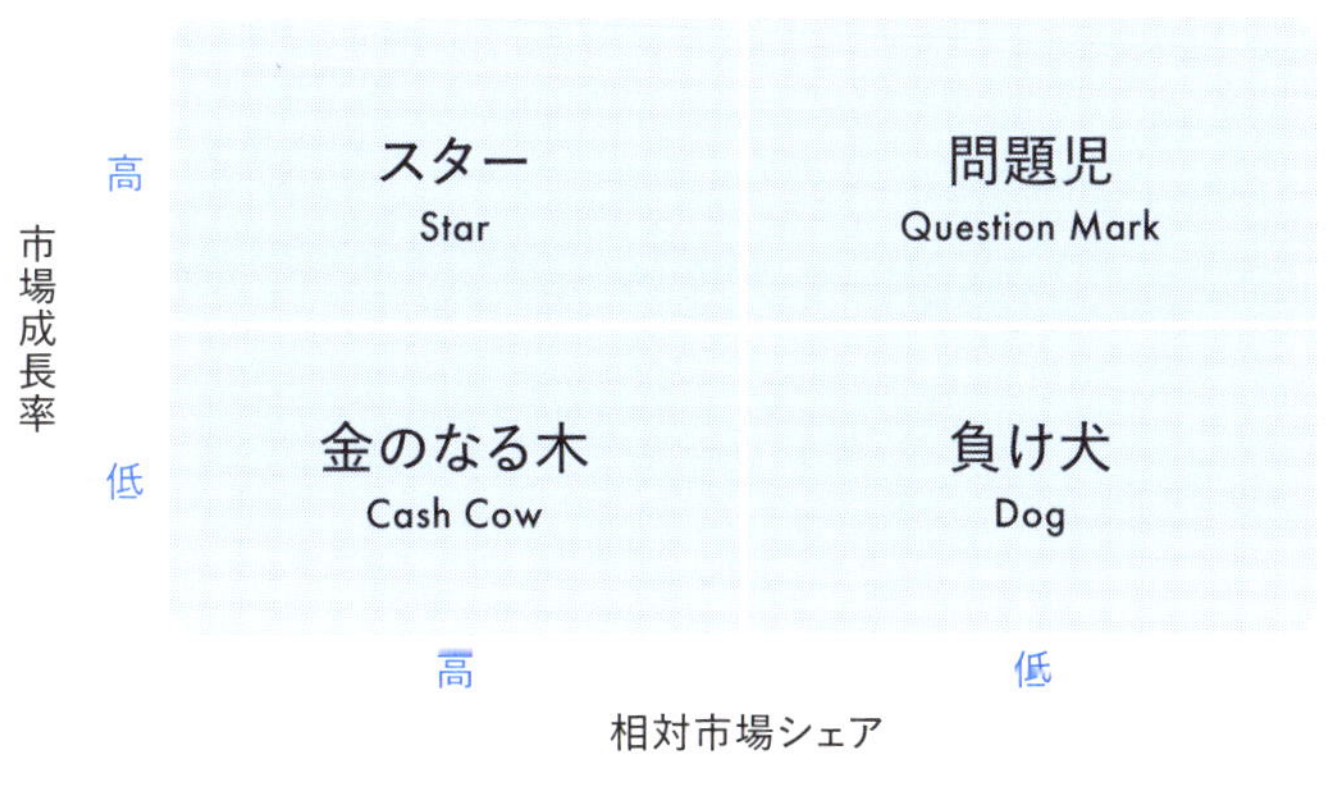

「もちろんそんなことはありませんし、実際これだけで判断することもないでしょう。そもそもこのツールが開発されたのは１９７０年代のアメリカです。当時は大手総合メーカーが力を持ち、儲かる事業を見極めて事業を切り売りするＭ＆Ａが活発になってきた時期でもありました。外部からのファイナンスに頼らず、自社内でキャッシュをうまくやりくりしながら配分していく、ということが前提の思想です。そういう経営手法がベースだった当時に、その議論の補助として開発されたのがＰＰＭだったのです」

「ということは、そもそも現在このフレームのまま使う企業はいない、と？」

「はい。まあまずいないでしょうね。『相対市場シェア』とかもはや意味がないPerspectiveだと思いますし。カスタマイズしたＰＰＭはときどき見かけますが、元のまま使っているケースはレアだと思います」

「でも、そうだとしたら、なんでまだ経営戦略の教科書とかに載ってるの？学生時代に僕が見たテキストにも載っていた記憶があるよ」

「それはやっぱり、複雑な事業をたった３つのPerspectiveで構造的に整理したからですよ。今使えるかどうかは置いといて、やっぱり複雑なものをシンプルに整理するというのは、ものすごい知的貢献だと思います。事業なんて無限の変数があるはずです。それをこのＰＰＭでは、たった２つや３つのPerspectiveで、当時のアメリカの大企業の経営者が納得する構造に落とし込んだことに意味があるんです」

「なるほど。今となっては実用性はないけど、その思想に意味があると」

「はい。だから、ＰＰＭは構造そのものよりも考え方を学ぶべきだと私は思います」

　そうか。大事なのは、そのマトリクスが開発されたときのPurposeなんだな。Purposeにフィットしているから、その構造に意味がある。

　Purposeなくして、無条件で「良い構造」という評価はできないということを、僕はＰＰＭを通じてあらためて理解することとなった。

7

ロジックツリー

Perspectiveに優先順位をつけた構造表現

「さて、ようやく最後の構造表現です！　ここではロジックツリーをご紹介します」

徐々に夜も明けてきたようだ。カーテン越しに、夜更けを感じることができる。

「ロジックツリーって聞いたことはありますか？」

「どこかで聞いたことはあるかも……。ツリー状に整理されているやつだよね？」

「はい。まさにツリー状に大きな塊を要素分解していく構造表現です。ロジックツリーの特徴は、その柔軟性にあります。PerspectiveにもPillarにも表現上の制約がありません。

特に、表現したいPerspectiveがたくさんあるようなケースがある場合は、ロジックツリーを選んでおけば表現に困ることはありません」

「マトリクスはPerspectiveが原則2つだったけど、それで足りないようであればロジックツリーがいいと言ってたね」

「そうなんです。たとえば、自分の仕事時間を効率化するPurposeで、仕事時間を構造化したロジックツリーの例がこちらです（図35）」

図35　ロジックツリーの例

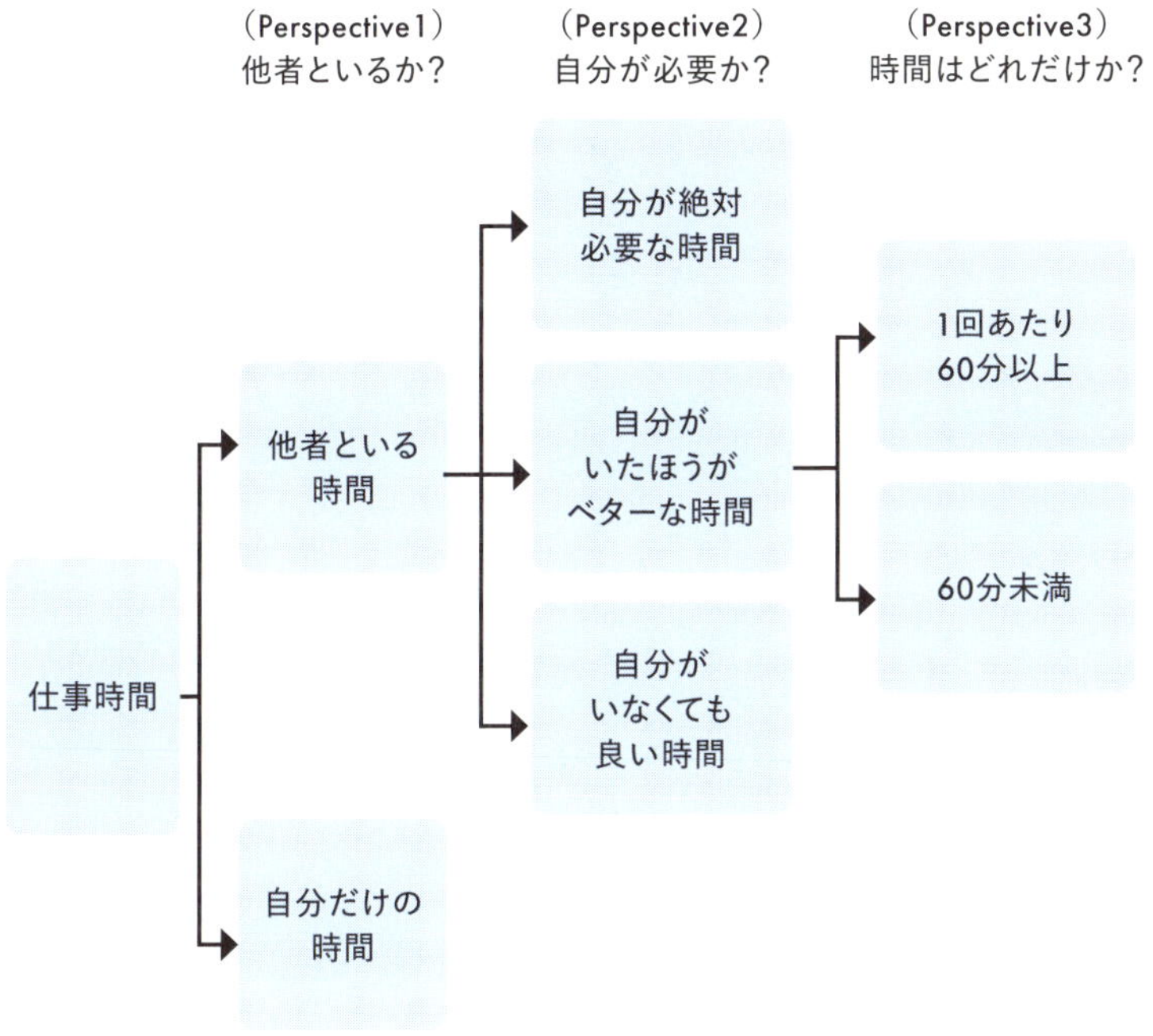

「うん、こういう図は仕事でよく見るよ」

「これを見て、ロジックツリーのポイントはわかりますか？」

「Perspectiveの優先順位が大事ってことかな？」

「はい、さすが。そうなんです。ロジックツリーでは、最初のPerspectiveが何より大事で、右に進むほどあまり重要ではないPerspectiveになっていきます」

「ってことは、このツリーでは、仕事効率を考えるうえで、他者といるかどうかが大事だと判断したってことだよね？」

「そういうことです。仕事効率を考えるというPurposeに対して、他者といる時間が改善の余地がかなりあると考えたのでしょう」

「つまり、**ロジックツリーのPerspectiveの並び順は、Purposeにとってどれだけのインパクトがあるか、という観点で判断する**ということだね？」

「はい。まさにそのとおりです。この事例の構造化表現におけるPurposeは、時間をどう効率化するかを考えることです。したがって、構造を通じて、自分の時間の中でどのあたりに非効率が潜んでいるかを浮き彫りにする必要があるわけです。だから最初のPerspectiveでは、無駄な時間をクリアに一刀両断できるものが求められます」

「ふむ。ロジックツリーではPerspectiveはたくさん使うことができるけど、だからといってやみくもに挙げれば良いというわけではないんだね。Purposeに対して、何が効果的なのかを考え抜く必要があるという意味ではマトリクスと一緒なんだ」

「そうですね。やっぱり構造を表現するためには、どんな形式を選ぶにせよ、シャープさが必要になります。ロジックツリーの場合は、最初のPerspectiveに何を持ってくるのか。ここが全てです」

「なかなか難しいね。概念的に理解しても、実践してみるとなかなかうまくいかないことも多そう」

「はい。ここではこの程度の解説にとどめますが、後日演習をやってみますかね」

「おお、そんなことまでしてくれるの？」

モニターサービスにしてはできすぎな気もする。こんな解説もトレーニングもカスタマイズしてくれるロボットが出てきたら、人間のポテンシャルはこれからどんどん上がっていくんじゃないかと少し末恐ろしくなった。少なくともコウゾウは完全に僕のレベルとか性格に最適化している気がする。

「ちなみに、問題解決策のオプションをロジックツリーで構造表現する場合は、その横にオプションをどう判断するか？というPerspectiveを加えて、『意思決定構造図』として表現することが可能になります」

「ん？どういうこと？」

「具体例が必要ですよね。たとえばこれは、組織内のコミュニケーションを活性化しようという場面において、『意思決定構造図』をつくった場合の構造化事例です（図36）」

図36　意思決定構造図の例

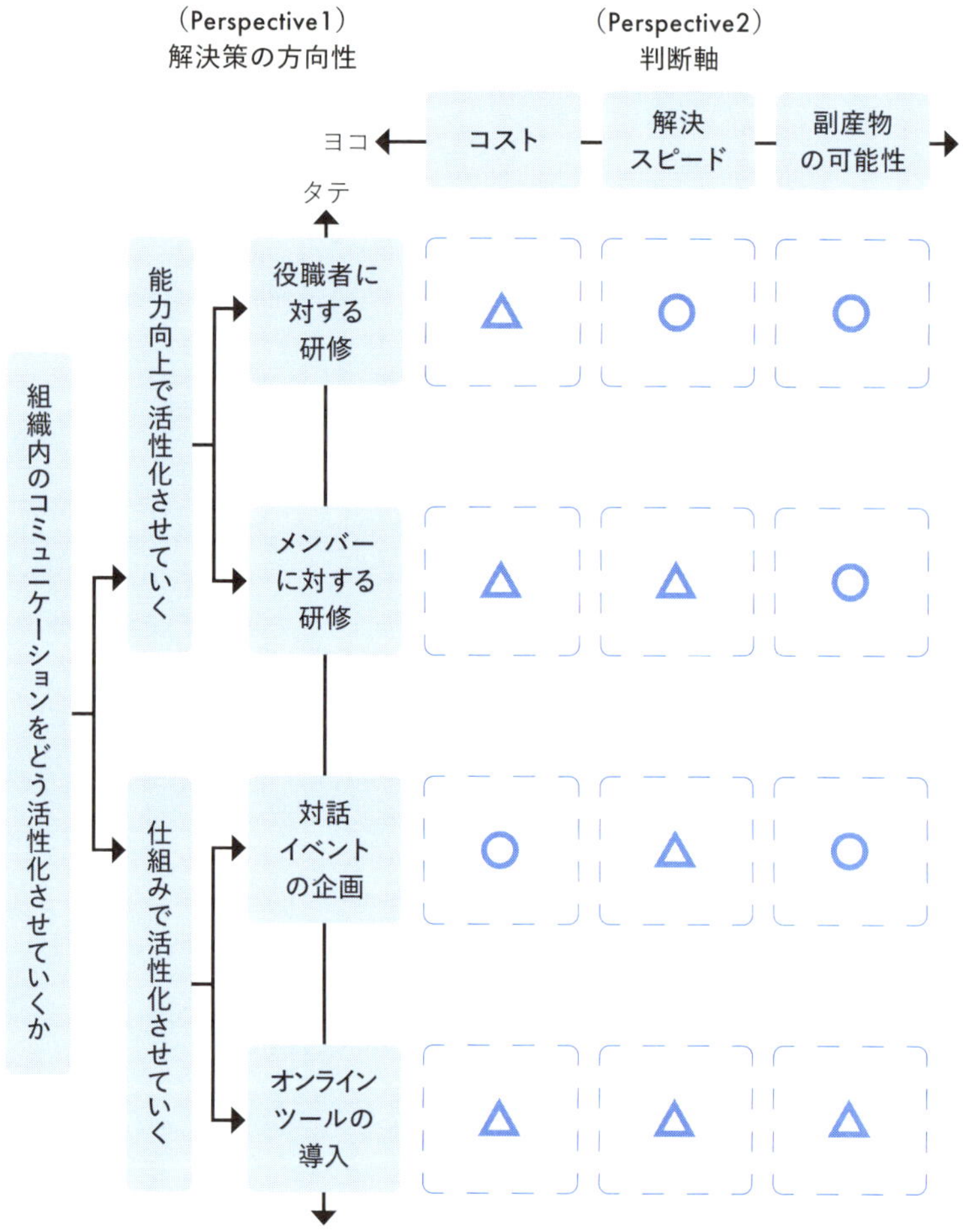

「ほう。これははじめて見たかも。でもわかりやすいね。この場合だと、コミュニケーション活性化のために、役職者に対する研修をするか、対話イベントの企画をするか、という解決策になるんだね」

「はい、そのとおりです。これは、私は『タテヨコ構造』とも呼んでいる図ですが、縦軸にオプションを網羅的に並べて、横軸にはその判断軸を網羅的に示すことで、合意に基づく意思決定を可能にする構造表現なのです」

「ふむ。結論の是非は置いといて、そこに至るまでの思考過程が理解できていいね」

「そうなんです。たとえば、役職者に対する研修をやりたいと思ったら、他のオプションとか判断軸を語ることなく、その研修の利点ばかり主張しちゃったりしません？」

「確かに。この前、自分でもそういう話し方をしちゃって、部長からの指摘で撃沈したばかりだ。『君がその施策をやりたいということはわかったけど、他にどんな施策が考えられて、その中から何でその施策を選んだのか、ということも含めて説明してくれ』と言われてしまった。つまり、あのとき部長からは、暗にこういう図で考えろ、と言われたわけだね。ようやく腹落ちしたよ」

「はい。そうなんです。解決策だけではなく、考えたプロセスも含めて提示することは、議論を効果的にします。**タテにオプションをしっかり洗い出し、そのうえでヨコに判断軸を可視化しておく。**これで議論を深めることが可能になります。この構造表現を覚えておくといいですよ」

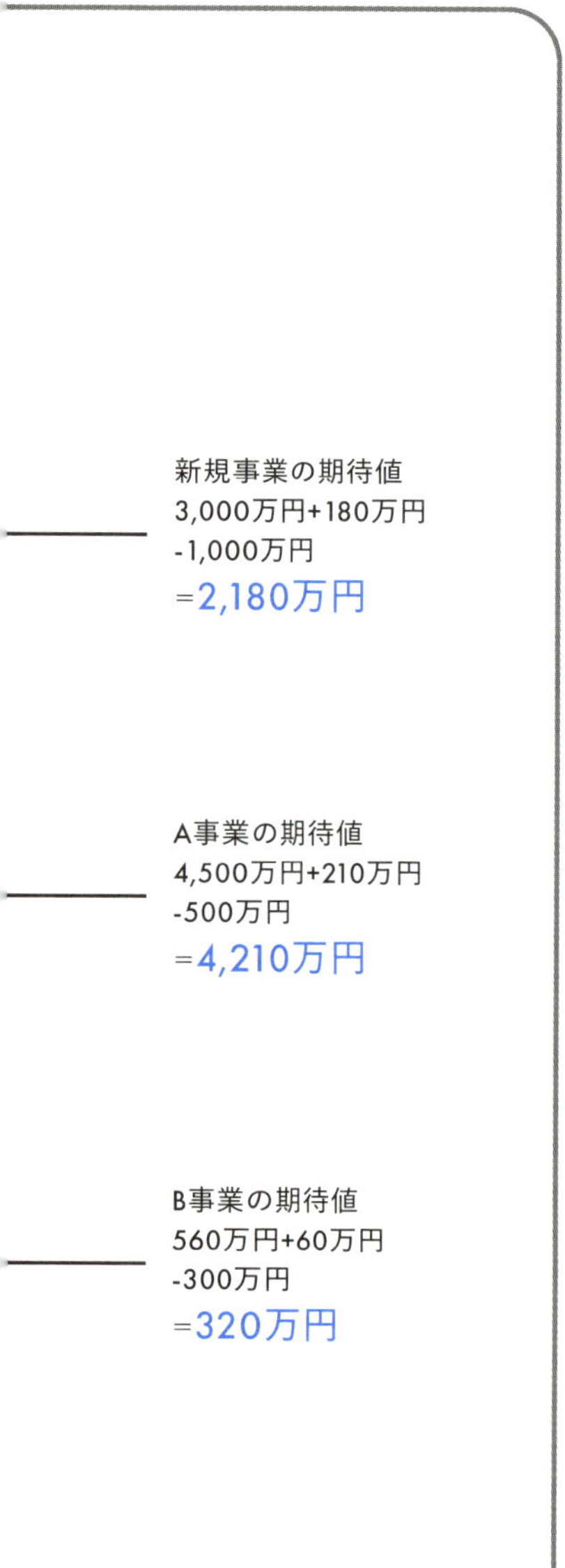

「そういえば、ロジックツリーによく似たものを社内で見た記憶がある。なんか丸とか三角とかが使われてた気がするけど……」

「あ、それは『ディシジョンツリー』というものですね。**ディシジョンツリーとは、意思決定に際して、どのオプションが最も正しそうかを構造的に表現することで、論理的な意思決定を助けるものです**」

「ん？ロジックツリーと同じってこと？」

「まあ、全体を要素分解していくという観点ではロジックツリーと同じです。最大の相違点は、その構造表現の中に、確率や期待値といった定量情報を表記することにあります。それによって、どの意思決定が一番合理的なのか、定量的に一覧することが可能になります。具体的に見たほうが違いがわかりますね」

そう言って、コウゾウはディシジョンツリーを投影した（図37）。

図37　ディシジョンツリーの例

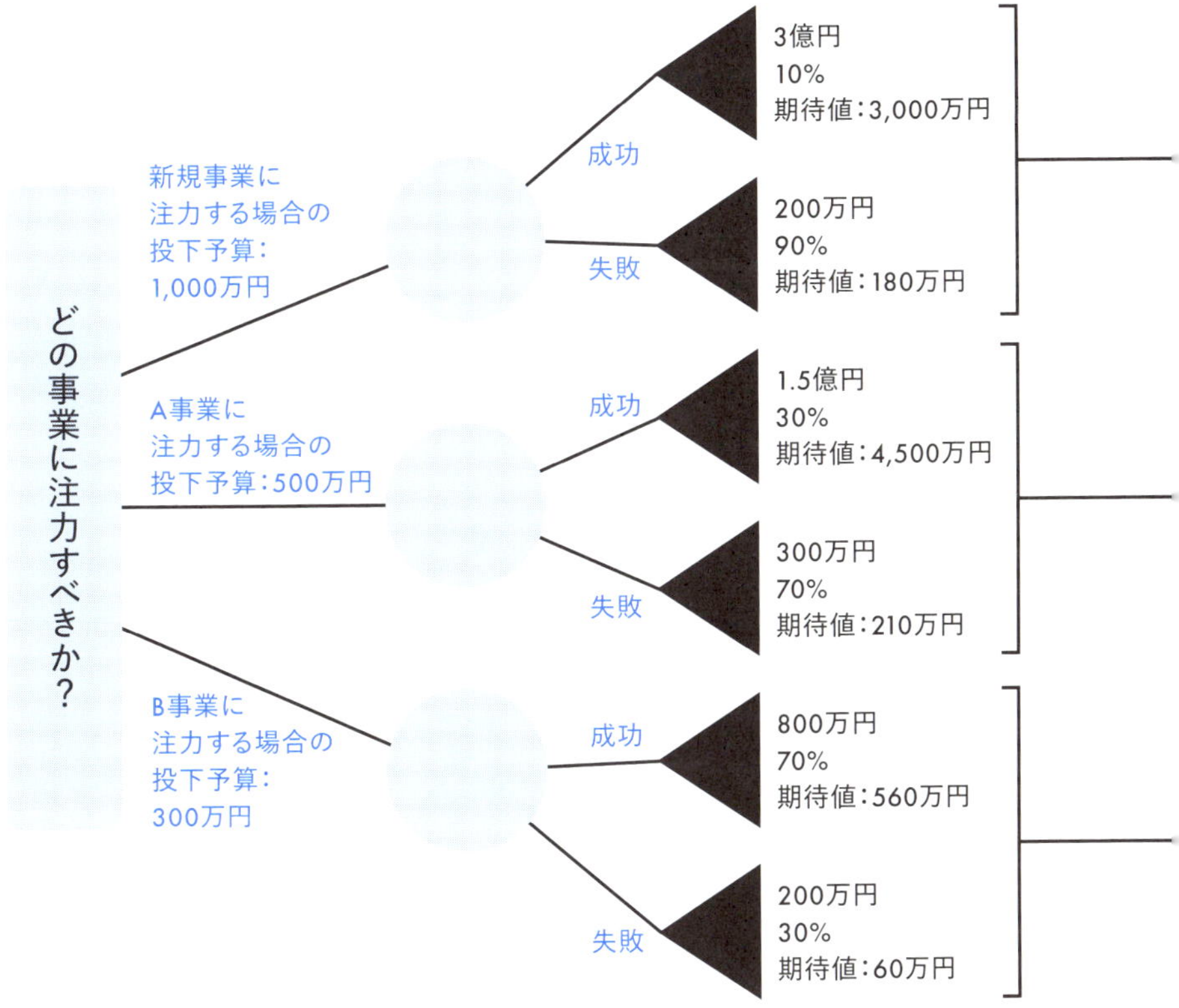

「そう、社内で使ってたのはこれだ。そして確かに、ロジックツリーとは微妙に違う」

「この例では、『どの事業に注力すべきか？』という問いを起点に、3つのオプションを洗い出し、そしてそれぞれが成功・失敗した場合どれくらいのリターンが期待できるのか、ということを確率を踏まえて算出しています」

「この図だけを見れば、A事業に注力することのリターンが最大になることが期待できるってことだよね」

「そうですね。新規事業の期待値は2180万円、A事業の期待値は4210万円、B事業の期待値は320万円ですからね。A事業への注力を意思決定を最優先で検討することになるはずです。

ただ、もちろん、事業の意思決定はそんな簡単なことではありません。こんなツリーで意思決定はできない、という批判も可能です。しかし、ここまで簡素化するからこそ、何が本質なのかを浮き彫りにすることができるのです。少なくとも、意思決定の補助ツールとして使うことは十分可能でしょう」

「なるほど。まあ全てそうだよね。でもさ、ディシジョンツリーには、四角とか丸とかいろいろ記号があるじゃない？これは何なの？」

「はい。四角で表す『意思決定ノード』、丸で表す『イベントノード』、三角で表す『終点ノード』といった独自の用語や表現手法があるんです。ただ、細かい表現手法はさておき、やっていることはそれほど難しいことではありません。**意思決定の根拠を可視化して、一覧性高く表現すること。そして何より大事なのは、この構造を使って、議論を深めることにあります**」

「なるほど。一覧で可視化するから議論が深まるわけだ」

「はい。万能ツールではありません。あくまでも議論の補助ツールです。そのポイントを押さえて、あとは難しいことを言わずに自由に表現してみればいいと思いますよ」

ふと窓のほうを見ると、朝日が差し込んできている。お腹も減ってきた。もう3時間くらいレクチャーを聞いてきただろうか。疲労困憊だ。そしてコウゾウもどことなく疲れているように見える。ロボットなのに? その疲労感という機能は必要なのだろうか?

「ここまで代表的な構造表現を紹介してきましたので、ひとまず今日はここで終わりにしましょうか」

「そうだね。僕もちょっと休んでから仕事に行かないと」

何だか完全にペースが狂ってしまった。これから仕事が待っているのだ。

「5番目のPであるPresentationの説明をここまで聞いて、どう感じましたか？」

「うん、そうだな。構造表現というのは、本来は複雑な論点があるものを、大胆に削ぎ落としてシンプルにまとめる行為なんだよね。で、そのシンプルさは多くの人の理解を促進し、行動を促すことにもつながる」

コウゾウは僕のことを見つめて話を聞いている。

「でも、同時に忘れてはならないのは、その裏側には、削ぎ落とされた大量の論点もあるということだよね」

コウゾウはうなずいた。

「たとえば、PPMの説明を聞いて思ったんだけど、会社の多様な事業を『市場成長率』と『相対的市場シェア』という2つのPerspectiveだけで表すという構造表現だったよね。これって結構傲慢な行為と言えなくもない。だって、その事業の本質は、その2つだけの基準で表現されちゃうってことだから。事業の当事者としてはふざけんな、という気持ちもあるかもしれない」

ほぼ徹夜に近いので、ちょっと言葉遣いが荒くなってきた。

「たとえば、その事業にかける想いとかもあるし、歴史的経緯もあるよね。他の事業との見えないつながりなどもある。そんな2つの基準だけで、『あなたの事業は負け犬です』とか言われたらたまったもんじゃない。でも……そう言っていたらキリがない。個別事情を拾っていったら、それこそカオスになって、意思決定なんかできなくなってしまうのも事実だよね。だから、傲慢さを自認しつつも、論点を大胆に削ぎ落とす。これが構造表現なんだなと。そんなことがわかったよ」

「さすがです」

コウゾウは優しい目でまた拍手をしてくれた。

「そのとおりです。構造的に表現しようとすれば、どれだけ工夫しようが、こぼれ落ちてしまう論点は出てきます。その本質を完璧に表現することは不可能なんです。だからこそ、**構造を表現する側には、この表現はあくまでも一面に過ぎないという認識を持つことが必要ですし、構造を見る側は、その構造表現が何のためにつくられたものなのかというPurposeを読み解くことも大切なんです**」

「そういう意味では、構造表現って功罪両面あるんだよね」

「はい。物事を単純化することによって理解を浸透させる『功』の部分と、削ぎ落とされた部分がなかったかのように扱われる『罪』の部分の両側面があります。どれだけシンプルに表現しても、物事は常に複雑です。それを特定の目的の中で、大胆に切り取って表現したものだという認識を持ち、その構造表現の裏側を読み取る姿勢を持つことを忘れないでいたいですよね」

理解が深まってハイになった反動なのか、急に眠気が襲ってきた。

ちょっと仮眠をとろう。

でも、今日の仕事は楽しみだ。学んだ構造表現を使える場面をつくってみたい。

そう思いながら、僕はまどろみはじめた。

STRUCTURED THINKING

Chapter 4 構造化を実践する

コウゾウがうちにやってきたのは日曜日の午後だった。

そこからわずか数時間のうちに、僕の考えは変わってきた気がする。

そもそも構造表現なんて考えたこともなかったし、そのために目的が重要だなんてことも思ったことがなかった。

そんな僕に、コウゾウは5Pというキーワードを与えてくれた。

そこから1週間、僕はコウゾウを起動させるのをやめておいた。ここでまたコウゾウからレクチャーを受けると、頭がパンクしそうだからだ。その前に、自分の中で学んだことを咀嚼して、実務にしっかり落とし込む時間が必要だ。

コウゾウはどうやらスマホと同じように、メインのスイッチをオフにすると、全く起動しないことがわかった。なので、コウゾウはスイッチオフの状態でしばらく床に横にしてある。


この月曜日から金曜日まで、職場において構造化についてを意識しない日はなかった。しかし、そんなに一朝一夕にできるものでもない。メンターの矢崎さんからは、相変わらずオブラートに包まれた丁寧な叱責を受けていた。

「資料の提出期限、いつまででしたっけ? 教えていただけますか? あと、あわせて昨日具体的に何をやっていたのか教えていただけますか???」

いつもどおり、丁寧な言葉遣いを崩さない慇懃な「?」攻撃である。僕は心の中で「はてなハラスメント」=はてハラと名づけていた。何でもかんでもハラスメントにするのはどうかと思うが、しかしこの「?」がどれだけ他者に対して圧を与えているか、ということに無自覚なのは罪だと思う。上の人間は、「わからない」というメッセージを伝える前に「わかろう」という姿勢を見せるべきなのだ。それなのに「わからない」という苛立ちを一方的にぶつけてくるなんて……。

そんな感じで、相変わらず矢崎さんとはやりにくくて仕方ないけど、もう僕はネコの動画に逃げることはしない。

なぜならば、コウゾウから教えてもらった構造化の力があるからだ。

これを使って、矢崎さんをギャフンと言わせてやりたい。おそらく矢崎さんも、Purposeなんて考えてないと思うし、ちゃんとした構造表現を選択している様子もない。

頭の中では、矢崎さんに対して「なんでこんな図を使っているんですか?この図の目的は何ですか???」というメッセージを送っている姿を想像していた。

いや、いかんいかん。僕は自分の心の中の独り言に対して首を振って否定した。

そんな目的で僕はスキルセットを身につけているのではない。とにかくいい仕事がしたい。今は足を引っ張っている状態だけど、そこから抜け出して、少しでも人の役に立ちたい。そのために、構造化思考が一つのブレイクスルーになる気がしているのだ。

それにしても構造化というのは、「思考」と「表現」の両輪で実現されるものなのだということをあらためて痛感する日々だ。

表現ばかり意識して中身のない構造をつくってもダメだし、思考を深めても良い表現に落とせなければ共感は得られない。５Pという理屈は理解したつもりだが、一方で、理屈だけ理解しても使えないという事実もうっすらと感じていた。

コウゾウが言っていたとおり、構造化は反復を繰り返すことによって体得する思考なのだ。

僕は、この週末、そろそろコウゾウのスイッチを入れようと思っていた。そして、コウゾウからいろいろな演習問題を出してもらおう。

「おはようございます！」

コウゾウはぱっちりと目覚めた。スイッチを入れても何にも反応しなかったらどうしようと思っていたのだが、先週と変わらない様子でホッとした。

「おはよう。久しぶりだね」

「そうですね。5日ぶりくらいですかね?その後はどうですか?」

「うん……まあ順調っていえば順調だよ」

「それは、何かありそうですね?」

　僕の含みを持った言葉に対して、しっかりと気配を察するのもAIの力なのだろうか。

「実はね……。5Pを教えてもらったんだけど、やっぱりそんなにうまくいかなくてね。余計なことを考えるからか、かえって時間がかかっちゃうんだよ」

「なるほど」

　コウゾウは何度か軽くうなずいた。

「それは典型的な成長痛なのかもしれませんね」

「成長痛?」

「はい、本当に成長するときって、必ず痛み

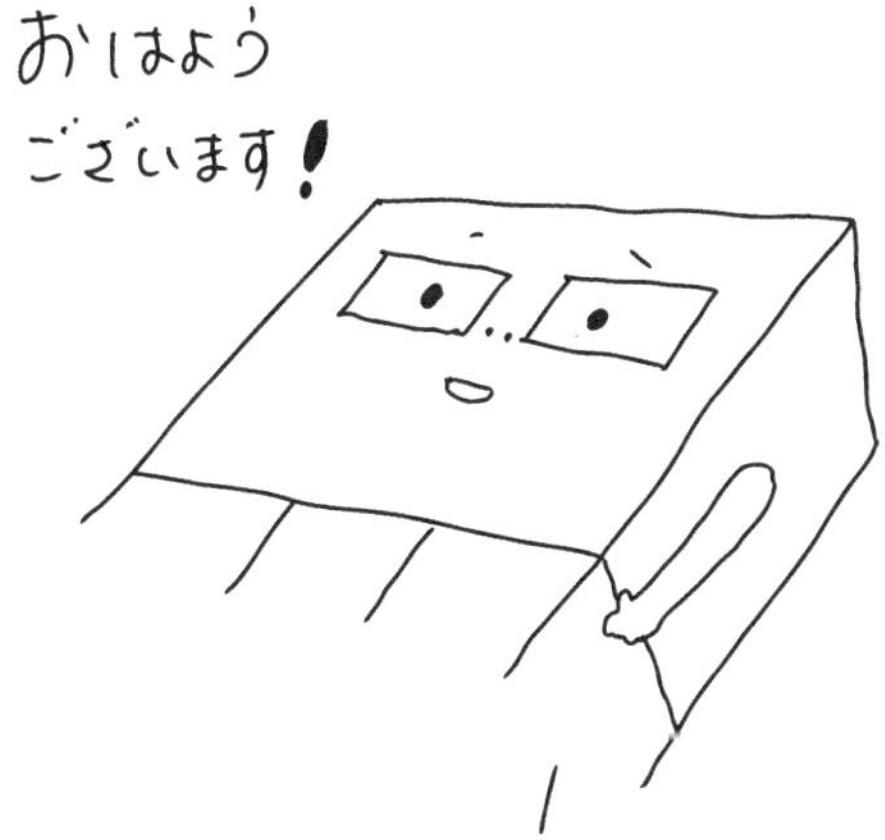

を伴うものなんです。成長って右肩上がりで上っていくようなイメージがありますが、たいていの成長ってそういう直線的なものではありません。一度緩やかに沈んで、急成長するという形をとるものです」

「うん、まあ確かにそうだった気もする」

自分の過去を振り返っても、変化するときは最初の段階でつまずいていた。そんなにいきなりはうまくいかない。

「ということは、かえって時間がかかっているというのは、真剣に新しいものを体内に取り込んでいる過程だというサインといえますね」

なるほど。コウゾウににっこりとした表情でそう言われると、少し元気になる。僕は単純なのだ。

「まあ、とにかく、今日は5Pを身の周りの事例を通じて実践的に使ってみましょうか」

「うん、それそれ。それをやってほしいんだ」

「じゃあ手始めに、スケジュールの構造化でもやってみましょうか」

「おお。いいね。それはめっちゃ助かる!」

事例1 「スケジュール」の構造化

実のところ、僕はスケジュールに関して問題意識を持っていたのだ。

というのも、最近はあまりに仕事が忙しくなり、休みの日でも仕事のことが頭から離れず、結局まともに休みがとれていない。そして、それが原因なのかはわからないけど、最近はすぐに体調を崩したり軽い風邪のようなものをひく機会が増えていた。

でも、今は自分にとっても組織にとっても重要な時期なので、仕事の範囲を変えることはしたくない。ならば、時間の使い方を見直すことしかない。僕はまさにそう考えていたところだったのだ。

だから、このお題は僕にとってはとてもありがたいことだった。

ステップ1 Purpose／構造化の「目的」を明確にする

「では、まずはPurposeですね」

「そうだね。なぜ僕はスケジュールを構造化するのか？　ということを言語化するのか」

「はい。それを丁寧に解きほぐすためには、『誰が』『いつ』『誰と』『何を考えるために』という４つの問いに分解して考えることでした」

「ああ、あの面倒くさいけど実は地味に大事なやつだね」

「はい。ではそのフレームを踏まえて、整理してみましょう」

苦笑いという微妙な表情を見せながら、コウゾウはフレームを映写した（図38）。僕が話すと、その枠内に勝手に文字が入力されていくのだ。しかも、日本語的におかしなところや冗長な部分は自動的に編集してくれるからありがたい。

僕は悩みながらもようやく穴を埋めた。

図38　スケジュールを構造化する目的（Purpose）を明確にする

誰が	休日までも仕事に費やして 体調を崩しぎみの自分が
いつ	今
誰と	自分だけで
何を考えるために	時間の使い方の中で無駄時間を発見して、 それを削減するため

構造化の最大の目的は、削減可能な無駄時間を発見することにあるのだ。

僕はPurposeに書き込まれた文言を再確認した。

「できましたね。ということは、構造表現の結果、その無駄時間が自分にわかる形で示せればいいわけですね」

「うん、そのとおりだ」

ステップ2 Piece／構造化のための「断片」を揃える

「では、このPurposeを念頭に置きつつ、次のPieceのステップに移りましょう。具体的なスケジュールを洗い出していくのです」

「そうか。自分のスケジュールを月曜日の朝から一つずつ洗い出していくことになるね。大変だ」

「ではまず手始めに先週月曜日から教えてください」

「先週月曜日のスケジュールか。こんな感じかな」

- 郵便確認（10分）
- 週末に来た連絡の返信（50分）
- 週次定例ミーティング（60分）

・社内勉強会（60分）
・ランチミーティング（60分）
・タスク処理（120分）
・プロジェクト推進会議（60分）
・タスク処理（60分）

僕は実際の自分のスケジュールを読み上げた。

「ありがとうございます。これではPieceになっていないことはお気づきですか？」

「あ、えっと、どういうことだっけ？」

「たとえば『タスク処理』にタカシくんは合計180分を費やしていますが、『タスク処理』という大きな言葉で括られて、まだPieceになっていないのです」

「そうか。これは面倒ください！　実際に何をやっていたんだろう？　その中身を精査して、何のタスクに対してどういう対応をしていたのかを考えなきゃいけないんだね」

「そうなんです。ちゃんとPieceが具体化されてないと、その後のPerspectiveで困りますからね」

「わかった、わかった。じゃあああらためて整理すると……」

・郵便確認（30分）

・週末に来た連絡の返信（30分）
・週次定例ミーティング（60分）
・社内勉強会（60分）
・ランチミーティング（60分）
・メンバーと雑談（30分）
・プロジェクトの資料作成（60分）
・資料探し（30分）
・プロジェクト推進会議（60分）
・部長と立ち話（15分）
・コンビニ休憩（15分）
・メール返信（30分）

「はい、だいぶ解像度が高まりましたね」

Pieceにするというのはなかなかしんどい作業だ。裏を返せば、ここで一汗かけば、結構見えてなかったことが見えてくるのかもしれない。

「では、まずはこれだけでも構造化できそうなので、月曜日のPieceだけでやってみましょうか」

「え？これでいける？」

「もちろん全ての曜日を確認していくのがいいですが、今日は時間もそんなにありませんし、月曜日だけでも十分Pieceはあります。ここでPerspectiveをつくってから、残りの曜日をチェックしてみるというやり方もありですから」

なるほど。簡易的にまずはつくってみるということか。では先へ進んでみよう。

ステップ3 Perspective／構造化のための「視点」を考察する

「さて、それではここからどのようなPerspectiveでこれらのPieceを切り分けていけばいいのかを考えましょう。ここでの頭の使い方は何でしたっけ？」

「えーっと、確かPurposeベースとPieceベースという2つのアプローチがあったよね」

「はい。そのとおりです。ではまずPurposeを振り返ってみましょう。何のために構造化するんでしたっけ？」

「まあ、とにかく無駄を発見してその時間を削減するためだよね」

「ではその視点を押さえながら、具体的にPieceを見てみましょうか。タカシくんにとって無駄だったとか生産性が落ちていると思うPieceはありますか？」

「うーん、そう言われてみると……」

と言いながら、僕はコウゾウが投影してくれているPieceのリストを見てみた。

そして、これらの単語に目が留まった。

・郵便確認（30分）
・週末に来た連絡の返信（30分）
・資料探し（30分）
・メール返信（30分）

果たして僕はこの時何をやっていたのだろう？ほとんど記憶がないことに気づいた。もちろん完全に無駄だったわけではない。しかし、ぼうっとしていたり、ネットサーフィンなどをしていたはずだ。相当生産性が低いことは間違いない。

では、この時間帯の共通項は何だろうか？それを考えると、無駄をあぶり出すためのPerspectiveが見つかるはずだ。

まず思いつくのが、これらの時間は「一人」だということだ。他者と一緒にいる時間と違って、一人の時間はどうしても怠けてしまう。自分でも嫌になる。

そしてもう一つが、「30分」であるということだ。こういう隙間時間を効果的に活かすことが僕は本当に苦手なのだ。1時間の一人時間もあるが、さすがにこれくらいの時間が確保されていると、腰を据えて何かにコミットしようという気持ちになる。

一人でいる短時間がダメなのだ。

そこまで自分の中で整理をつけた。コウゾウはじっと考える僕を黙って見ていた。

「わかったよ。Perspectiveは、『作業時間』と『関係人数』だ」

「なるほど。どういうことですか?」

「どうやら僕は30分程度の細切れ時間における一人作業に問題があるみたいだ。ここに無駄時間の削減の余地がありそうだな」

「おお、いい着眼ですね」

ステップ4 Pillar/構造化のための「支柱」を立てる

「それでは、これらの2つのPerspectiveを、何本のPillarで分けていくといいでしょう?」

「これは簡単だね。まず『作業時間』については、『30分以下/それ以上』という切り分けで、30分の時間の使い方をクローズアップしていけば十分だと思う。また、『関係人数』については、一人時間を浮き彫りにするために、『一人/複数』という2本のPillarで切り分けることでいいかな」

「はい。Purposeを考えれば、それ以上細かく分けることに意味はなさそうですね」

「うん。そう思う」

「では、ここまでの4つのPを通じて、時間の無駄を浮き彫りにする構造化のネタは固まりましたね。あとはそれを表現に落とし込むのみです」

ステップ5 Presentation／適切な「表現」を選択する

「では、この結果をどんな形式でPresentationに落とし込むと良さそうでしょうか？」

「これは、2つのPerspectiveを同時に表現したほうが伝わりやすいので、マトリクスが良いんじゃないかな」

「ですよね。ということは、こんな感じの構造表現ですかね？」

と言いながら、コウゾウは映写した（図39）。

「おお、これこれ。こんな感じ」

「こうして見ると、どうですか？　何か気づきはありましたか？」

僕は投影されているマトリクスを見返していた。

図39　自分の時間の使い方の中のどこに無駄があるか？

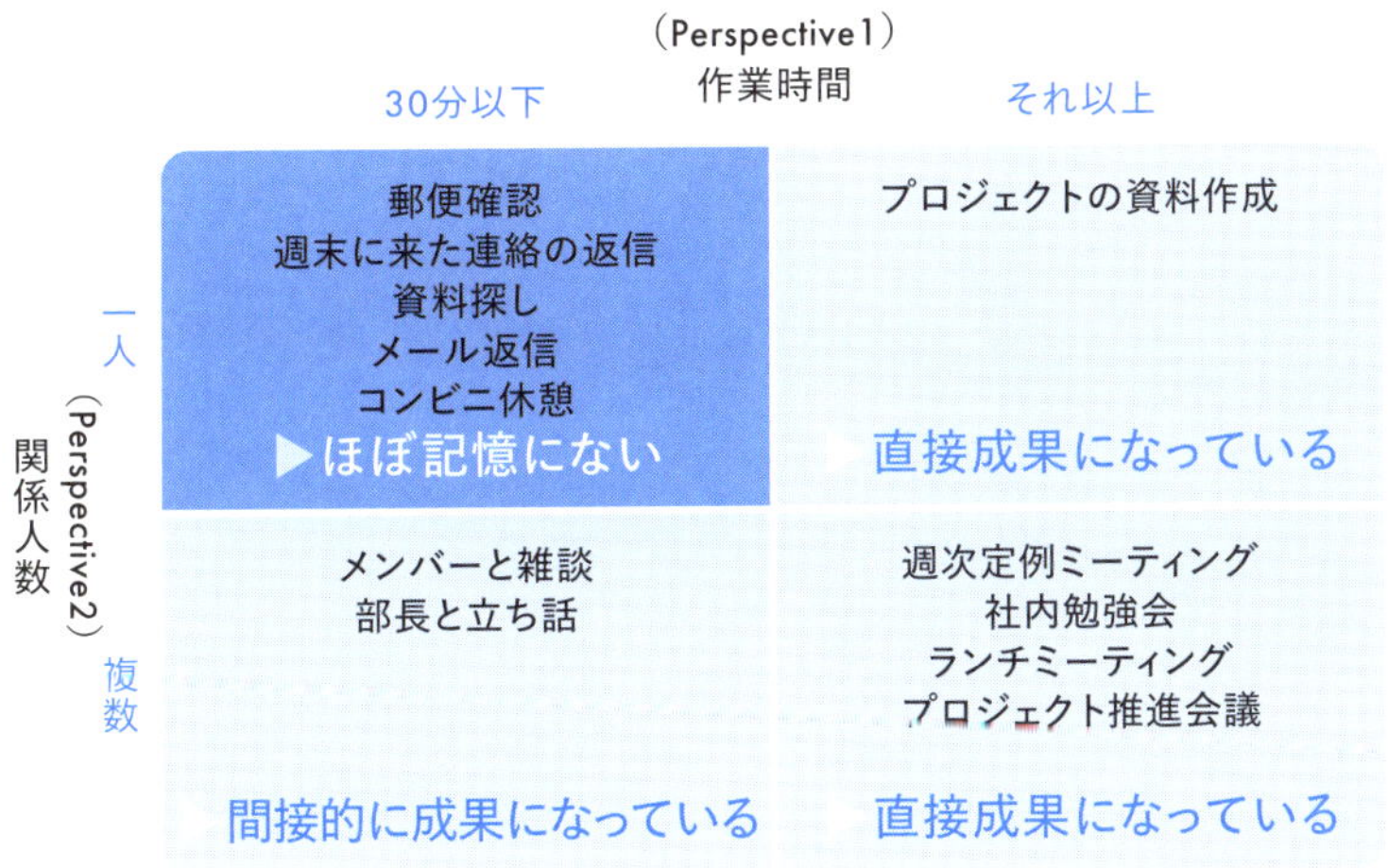

（Perspective1）作業時間

（Perspective2）関係人数

	30分以下	それ以上
一人	郵便確認／週末に来た連絡の返信／資料探し／メール返信／コンビニ休憩　▶ほぼ記憶にない	プロジェクトの資料作成　直接成果になっている
複数	メンバーと雑談／部長と立ち話　間接的に成果になっている	週次定例ミーティング／社内勉強会／ランチミーティング／プロジェクト推進会議　直接成果になっている

「やっぱり自分がいかに隙間時間を使うことが苦手であるかということを自覚したよ。そもそもこれらの時間で何をしていたのかという記憶がなかったからね。だから、この左上のマス目に入るような一人の隙間時間（30分以下）に何をするのかをあらかじめ明確に定めてから作業に入るほうがいいということだね」

「はい。そのとおりです。しっかりPillarで区切ることによって、問題点に注目できますね。それによって、行動を変化させることができるのです」

「あと、あえてマトリクスで他のマス目を可視化することも大事だね。たとえば、30分以下で複数の人と過ごしている左下のマス目は、自分で意識したことはなかったけれど、実はここでの対話が時間を経て大きな仕事につながっている気がする」

「おお、それは副産物的な発見ですね」

「うん。1人×30分以下に問題あり！と思いついた段階で、あえてマトリクスで図示する必要がないのではないか、と思ったんだけどね。このように一手間かけて全体感を可視化することで、問題ではない箇所も、対比的にその意味を考えるきっかけになるんだね」

「そうなんですよ。こうやって構造的に整理すると、今まで気づかなかったいろんなことが見えてくるので、なかなか楽しいですよ」

事例2

「本」の構造化

「さて、次は何を構造的に整理してみましょうか」

と言いながら、コウゾウは家の中を見回している。

僕は一人暮らしのワンルームマンション住まいだ。狭い割には家の中には物が溢れて散らかっている。そんな部屋の中を見られるのは、相手がロボットとはいえ恥ずかしい。

「お、次はあれはどうですか？」

コウゾウは僕の背中に目を留めた。そこにはまだまばらにしか本が入っていない、買いたての本棚があった。

僕の家の中は200冊程度の本で溢れていた。最近は仕事で使う本も多いが、仕事とは関係なく昔から好きなのだ。

そんなこともあって、本は増える一方で、とうとう卓上の本棚から溢れるようになってしまった。そこで、2週間前に本棚を新たに調達したのだが、激務に追われてまだ本を棚に入れられていない状態だった。


「タカシくん、本、整理したくないですか?」

「いや、ちょうど棚も買ったことだし、したいんだけどね……」

棚も買ったのだから、積んである本を移せばいいのだが、一方でやみくもに本棚に本を入れるのも嫌だった。在宅勤務もあり、家の中でリサーチで本を使う機会も多いため、しっかりした収納の法則が欲しいのだ。それだけに、収納するのを躊躇してしまって、2週間放置して今日に至る。

「だったらちょうどいいじゃないですか。この構造化の概念が活かせますよ?」

「そうなの? じゃあちょっとやってみようかな」

「はい。いきなり本を入れる前に、構造化のスキルを使って、より良い収納を考えてみましょう」

ステップ1　Purpose／構造化の「目的」を明確にする

「まずはPurposeだね。まあこんな感じかな」

僕はサッと枠を埋めた（図40）。だいぶ慣れてきた気がする。

「素晴らしいです。何のための本の整理か、その目的と前提を確認できましたね」

ステップ2　Piece／構造化のための「断片」を揃える

「でも、次のステップはPieceだよね。この本がすでにPieceのような気もするけど？」

「はい。今回のケースでは、すでに目の前にリアルな200冊の本というPieceが存在します。なので、このように現物がある場合には、このステップは飛ばすことができますね」

図40　200冊の本を構造化する目的（Purpose）を明確にする

誰が	在宅で家の中でもリサーチ業務をする必要がある自分が
いつ	今
誰と	自分だけで
何を考えるために	200冊の本を新しい本棚も加えて収納し直し、リサーチに関わる本をより効率的に発見できるようにするため

「おお、ラッキー」

ステップ3 Perspective／構造化のための「視点」を考察する

「では、200冊の本というPieceを前にして、どのPerspectiveで本を整理するかを考えてみましょう。たとえば、一般論として、どんな視点で書籍を分類できそうですかね？」

「えー、一般論だよね？ そりゃたとえば出版社別とか、著者別、テーマ別、本のサイズ別、もしくは表紙の色別とか、いろいろ考えられるよね」

「おお、さすがです。では、そのうち、どのPerspectiveを選ぶと良いでしょうか？」

「それを考えるためには、Purposeに戻ることが必要だよね。そして、僕の書籍整理のPurposeは、リサーチ業務をより効率的にするためだった」

「はい、そのとおりです。では、リサーチ業務を効率化する際に、本をどうやって仕分けると良さそうでしょう？ そこがPerspectiveのポイントになりそうですね」

「うーん、どうやって仕分けるか……か。難しいな」

「難しい問いですよね。ここで思考がストップしてしまったときはどうするといいんでしたっけ？ つまり、Purposeベースが難しかったら……？」

「あ、Pieceベースか。つまり、目の前にある本を見ながら考えてみればいいのか」

「そうです。この200冊からリサーチに使いそうな本をどうやって選んでいきますか?」

「ざっと見ると、リサーチ業務に関係するような本と、そもそもリサーチには全く関係なく趣味として活用している本に大別できそうだなぁ」

「そうですね。これらの本は全く目的が違うので、まずは『業務の必要性』というPerspectiveで最初に分けてしまったほうが良さそうですね」

「そう思う」

「では、そのうえで、リサーチ業務に関する本をどういうPerspectiveで分ければいいでしょうか?」

「つまり、どんな区分けがされていると、より本棚が使いやすいかってことだよね」

僕は目の前に散らばっている本を眺めてみた。そこには『営業の科学』や『最強の営業法則』『私はどうして販売外交に成功したか』などの営業に関わる本や、『会社四季報』『業界地図』などの本などがランダムに広がっていた。

「わかった。自分の業務を理解して、その専門性を高めるための書籍と、クライアントの業界課題を理解するための書籍に分けたほうがいいね」

「なるほど。ということは、自分を理解するのか、相手を理解するのか、という『理解の対象』というPerspectiveで切り分けるということですね。うんうん、いい感じです」

コウゾウは嬉しそうに手を叩いてくれた。

「そうすると、さらに、クライアントの業界は細かく切り分ける必要はないですか?」

「そうそう。そこはまだ分けておいたほうが良さそう。担当している業界は金融業界がメインだけど、サブで担当している製造業の本も多くあるね」

「ということは、さらに『クライアントの業界』というPerspectiveですね」

「そうだね。そうそう」

ステップ4 Pillar／構造化のための「支柱」を立てる

「さて、ここまで出てきたいくつかのPillarを何本柱に切り分けていけばいいかを考えてみましょう」

「まず最初の『業務の必要性』は、『必要あり／なし』という2本で良さそうかな。それから次の『理解の対象』は、『自分たちのサービスを理解する／クライアントの業界課題を理解する』という2本柱でOK。最後の『クライアントの業界』については、目の前の書籍のラインナップを見れば、当面は『金融／製造業／その他』という3本柱で分けることで事足りるはず!」

「OKです。それでいいと思います」

ステップ5 Presentation／適切な「表現」を選択する

「では、最後のPですね。これはどのように表現するのが適切でしょうか」

「これは、あれだよね。多くのPerspectiveによる階層分けなので、構造表現としては『ロジックツリー』になるかな？」

「はい。今までの話を踏まえると、具体的には、こんな表現となりますね（図41）」

「うん、いい感じ。これで早速棚を作れそう」

僕はあらためて5つの塊に分かれた構造を眺めて、非常に使い勝手の良い本棚ができそうだと思った。

「やっぱりPurposeなんだね」

「ん？どうしました？」

「うん。僕はこれを整理するために、ずっと『何のための本棚なのか？』っていう問いを何度も自問して、そのたびにPurposeに書かれていたことを見ていたんだ。裏を返せば、Purposeが定まっていないうちは構造的に整理することはできないんだと思ったよ」

「はい、そのとおりです。そして、もしタカシくんが今まで構造的な整理ができなかったとするならば、ひょっとしたら一番最初のPurposeの解像度が粗かったり、ちゃんと

図41　リサーチ業務に最適な本の並べ方の規則は？

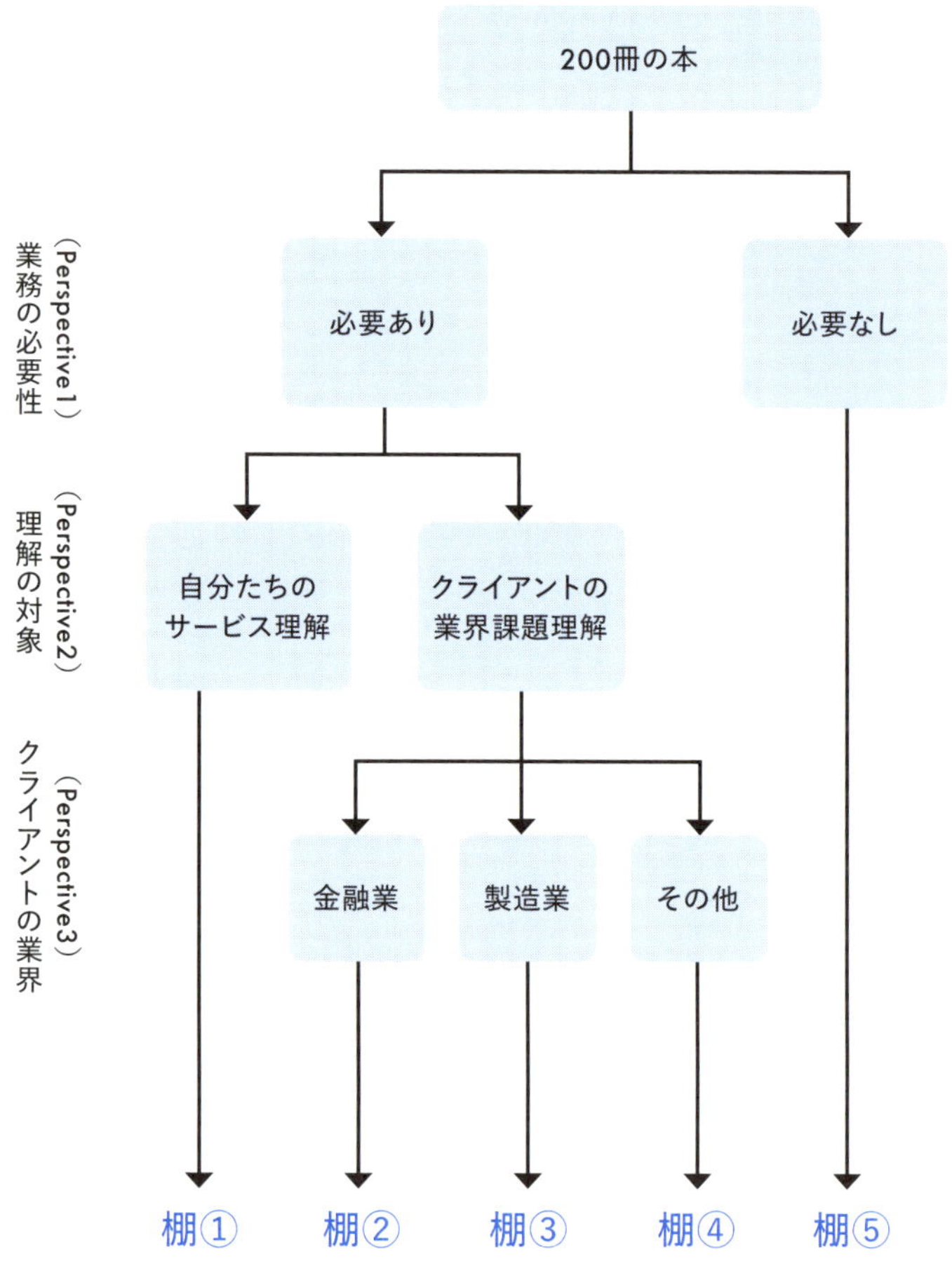

思考投入をしていなかったからなのかもしれませんね」

「そうだね。Purposeが変われば、本棚の整理方法も変わるんだよね。誰にとっても、どんなときも、オールマイティな整理はないわけで。自分がどういうPurposeを持っているか次第なんだなと」

最後は、自分に対して語りかけているような感じだった。コウゾウはその姿を何も言わずに見守っていた。

事例3

「議論」の構造化

「あ、そうだ！　少し難易度高いかもしれないけど、こんなことも構造化できるかな？」

「ん？　何でしょう？」

「ちょっと待って」

　僕はパソコンを立ち上げた。

「実はね、先日会議があったんだけど、とてもモヤモヤしてね。僕がその場でうまくホワイトボードとかを使って議論を整理できれば良かったんだけど、即興ではどうにも考えが追いつかなくて……」

　そう言いながら、先日のＺＯＯＭ会議の録画を再生した。

「なるほど。議論を構造化するってやつですね。もちろん可能ですよ」

「さすが。そうこなくっちゃ」

さっそく僕は、先日の会議での該当場面の頭出しをした。

「先日のチームミーティングのことなんだけどね、アジェンダは、会社から福利厚生費としてチーム単位に振り分けられていた年間20万円の予算をどのように使うか、というものだったんだ。ちょっと混乱した議論だけど見てくれる？」

と言って、僕は会議の録画を再生した。

A：去年はチーム内で3ヶ月に1回パーティを開催することにして、その食費などの予算に充てました。今年もそれでいいと思うのですが、どうでしょう？

B：いやー、パーティはやめたほうがいいんじゃない？ 結局参加した人も一部の人だけだったでしょう。

C：そうそう。もっとみんなで楽しめるほうがいいと思います。パーティは夜開催だったので、家庭の事情で参加できない人も多かったですし。

A：だったらランチパーティにしますか？

B：うーん、リモートワークの人も増えてるしなあ……。

D：それなら全然違うアイデアなんですが、私は社外セミナーに参加したいので、その補助にしていただけるとありがたいです。

B：そんなことをしたら、ますます使う人は限定的になるよ。

D：まあ確かにそうなるかもしれませんが、セミナーに参加することは、チーム全体のためにもなるわけですし。

C：あれ、そもそも何のための福利厚生費なんでしたっけ？

A：えっと、会社から言われているのは、チーム力向上のため、というだけです。まあ、セミナー参加費用の補助にするのも、ちゃんと報告をしてチームに還元するならばありですね。

E：それがアリなら、書籍購入代に充ててほしいな。チームのライブラリーに寄贈する前提で。

図42　会議を構造化する目的（Purpose）を明確にする

誰が	会議の下っ端で全く存在感のない自分が
いつ	今この場で
誰と	参加者全員と
何を考えるために	福利厚生費の使い方について、 より良い議論をして、合意に至るため

僕は録画映像をここで止めた。

「本当は僕はここで議論を止めて、ホワイトボード機能を使って議論を構造的に整理したかったんだ。でも、自分に自信がなく、ただ議論を眺めるしかなかった……」

「そうでしたか。ちなみにこの後の議論はどうなったんですか？」

「このままみんな意見の言いっぱなしになって、収集がつかなくなったんだ。で、結局最後は部長の一存で決められるといういつものパターンで終わりだったよ。ひどい打ち合わせだった……」

「なるほど。あるあるですね。この議論は構造化のしがいがありそうです。では、ちょっとやってみましょうか」

ステップ1 Purpose／構造化の「目的」を明確にする

「ＯＫ。まずPurposeだね。構造化したい目的はこんな感じかな（図42）」

やや自虐的にPurposeを書いてみたのだが、こう見るとかなりハードルの高いお題のような気がする。さすがにあの場で即興でやるのは難易度が高い。

「はい。これは難しいお題ですね。この構造は今までと違って、他者と共有して議論を深めるための材料ですし、しかも『今、この場』という即興芸になります。これができれば、いろいろできるようになりそうですね」

「確かに。そろそろこういう難易度のお題にチャレンジしたかったんだよね」

「ちなみに、このPurposeを踏まえると、どのくらい緻密な構造化を意識すべきだと思いますか？」

「どのくらい緻密な構造化？　どういうことだろう？？」

「全員を目の前にして、即興ということからすると……？」

「あ、ということは、精緻な図をつくるのではなく、できるだけ簡易的ですぐにできる最低限の構造がいいのかな」

「そうなんです。シンプルなものをつくるという意識を持ちましょう」

「Purposeを整理するということは、そういうことにも気づけるんだね」

ステップ2　Piece／構造化のための「断片」を揃える

「では、まず具体的なアイデアとして出されたものを、Pieceとしてリストアップしてみましょう」

「うん、まずはこの４つ」

- ３ケ月に一度のパーティ開催費（夜）
- ３ケ月に一度のパーティ開催費（ランチ）

- 社外セミナー参加費用の補助
- 書籍購入費用の補助

「そして、それ以外に出てきた発言もあったので、参考までに書いておくと……」

- 福利厚生費の使用目的は、チーム力向上のため
- 受益者はなるべく限定的でないほうが良い

「はい、ありがとうございます。今回はPieceはそれほど複雑ではないですね」

ステップ3 Perspective／構造化のための「視点」を考察する

「では、これらのアイデアをどのようなPerspectiveで構造化していくのが良いでしょうか」

「うーん、より良い議論ができるようにするために構造化するってPurposeだったよね」

「はい、そこ、大事ですよね。裏を返せば、良い議論ができれば、それほど緻密な構造化でなくてもいいわけです。おそらく本人たちも何が意見の相違になっているのかがわかってないはず。そこに気づければいいんじゃないでしょうか」

「うん、そうだよね。何が意見の相違になっているのか……か。出てきた4つのPieceを見ると、『集合するかどうか』というポイントが大きな分岐点なんじゃないかな。つまり、パーティのように集合することを前提にする施策と、書籍やセミナーのように集まることを前提にしない施策があり、この違いが大きそう」

「なるほど。となると、それをPerspectiveにしたほうが良さそうですね」

「うん。いったん各論にいく前に、そこをしっかり議論したいね」

「良いポイントです。ただ、Purposeに立ち返ると、合意に至ることが目的ですよね？そうすると、アイデアを構造化しただけでは合意に至るのは難しくないですか？」

「えっ、どういうことだろう？」

「Pieceのところに、チーム力向上とか受益者は限定的じゃないほうが良いとか挙がってましたよね。これって何ですか？」

「あ……」

僕の頭には、先日教えてもらった「タテヨコ構造図」のことが思い浮かんだ。

「これって、判断軸の議論も混ざっていたんだ」

「そうです。参加者は無意識のうちに、解決策のオプションを洗い出すというタテの議論と、それらのアイデアを何によって判断するのかというヨコの議論を同時にやっていたんです。だから、それを切り分けて整理しないとダメですよね」

「そうか。そりゃカオスになるわな」

「はい。だから、『出されたアイデアをどういう判断軸で評価するか』というPerspectiveも用意しておく必要があるのです」

ステップ4 Pillar／構造化のための「支柱」を立てる

「では、それぞれのPerspectiveについて、何本のPillarで示すのが良いでしょうか？」

「まず『集合するかどうか』というPerspectiveに関しては、『集合する／しない』という2本柱でひとまず良さそうだね」

「はい。そして、『出されたアイデアをどういう判断軸で評価するか』というPerspectiveについては、一度意見の挙がった『公平性／チーム力への直接的寄与するか』という2本柱にとどめ、それ以降は意見を募る方向で進めていきましょう」

「うん、簡易的に可視化することが大事だからね」

「はい。議論を促進するために、即興でつくるものですから。スピード重視でざっくり提示して、みんなで仕上げていくことを優先していきましょう」

ステップ5 Presentation／適切な「表現」を選択する

「それでは、これらの考えをどのように表現するのが良いでしょうか？」

「そりゃ、これは『タテヨコ構造図』でしょう」

「はい。教えたものですよね。ロジックツリーの発展版である『意思決定構造表』というやつです」

と言いながら、コウゾウは映写した（図43）。

「縦軸にオプションを並べ、横軸に判断軸を可視化していくんだね。これをまずはホワイトボードに粗く書いてしまう、と。これができれば、他にオプションはないのか？判断軸はこれで十分なのか？という投げかけをすれば、良い議論ができそう」

「はい。これがあるだけでも、Purposeのとおり、合意に至れる可能性は高まりますよね」

「うん」

僕はこのホワイトボードの構造によって、グッと議論が深まる場を想像した。可視化されることによって、自分たちがどこの部分の議論が足りないのかがわかるようになり、参加者全員で意識を集中する姿が容易にイメージできた。

もしこの図を描くことができれば、たとえば「ヨコの判断軸は後回しでいいので、タテのオプションをしっかり洗い出そう」という会話も可能になる。そして、その後は、「タテが出揃ったら、これらのオプションをヨコでどう判断する？」という問いかけが可能だ。そして最後に「ヨコの判断軸を踏まえると、オプションはどう評価できる？」

図43　福利厚生費の使い方について、より良い議論をして合意を得るには？

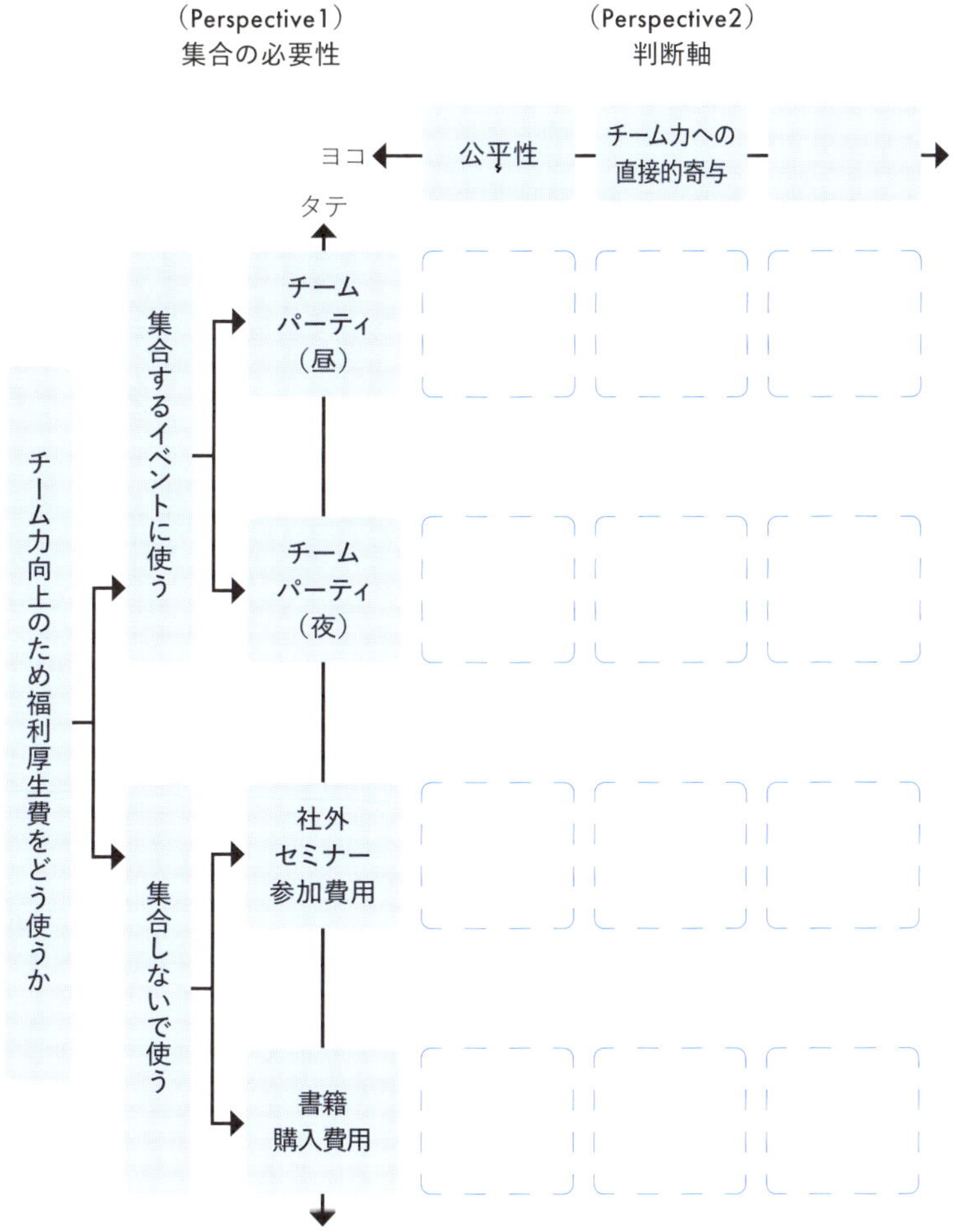

という議論に移ることができたのだ。

そのとき、みんなの視線の先にはこの構造図があるだろう。構造化には力がある。そのことに僕は徐々にリアリティを感じつつあった。

みんなで議論する場合は、粗くてもいいから、まずは即興で構造をつくってしまうのだ。

そうすれば、みんなでその構造をブラッシュアップすることができる。

僕は、次のミーティングこそ、ホワイトボードを使ってみようという気になっていた。

事例4

「悪循環」の構造化

時計を見上げると、もうお昼近くになっていた。

土曜日の午前中、しっかりコウゾウにトレーニングしてもらったこともあり、そろそろ頭が疲れてきた。

「じゃあ、次は最後のお題にしましょうか」

コウゾウは僕の表情を見て判断したのかわからないが、しっかり空気を読んでくれる。素晴らしいロボットだ。

「次のお題も即興でやるやつがいいな。何かあるかな……」

「じゃあ、こうしましょうか。僕がタカシくんの知り合いになりきりますので、その人からの相談をうまく構造化するっていうのは？」

「え、なりきるってどういうこと？」

「ちょっとした基礎情報を与えてもらえれば、私がその人っぽい相談をタカシくんに投げかけますよ」

おお、そんな機能もあるのか。実践的だ。

「じゃあ、大学の同級生の南にしようかな」

「はい。南さんのこと、教えてください」

　南は卒業後にスタートアップへ就職し、この歳ですでに事業リーダーを任せられるポジションについているらしい。同級生の中での出世頭だ。しかし、今の会社では組織運営がうまくいっていないらしい。先日久しぶりに会った南は少しやつれた顔をしていた。

　そんな姿を思い出し、南の基礎情報をコウゾウに伝えた。

「いいですね。では私が南さんになります。少々お待ちください」

　そう言うと、コウゾウは目を閉じた。次の瞬間、ちょっと違った表情と声色のコウゾウが現れた。

「よう、タカシ」

「み、南？　ちょっと似すぎてるんだけど」

僕は驚きと笑いが合わさって、変なテンションになってしまった。

「ちょっと相談があってさ……」

コウゾウはSNSなどから南のデータを引っ張り出して、僕が語っていない彼の情報や音声データなども組み合わせているのだろう。もはや目を閉じていれば、南が横にいる気がする。

コウゾウは完全に南になりきっている。せっかくだから、僕も南がいるものとして対応することにしよう。

「この前もちょっと相談したことなんだけどさ……メンバーに対してイライラが溜まっているんだよね」

「うん、そう言ってたね」

「まあ、あいつら、言われたことしかやらないんだよ……聞かれたことにしか答えず、言われたことしかやらない」

「つまり、自発性に欠けるって感じなんだ」

「そう。自発性、ゼロよ」

「そういうメンバーだといろいろ大変だね」

「そうなんだ。言ったこと以外のことはちゃんとやっているのかとか、聞いていない部分の数字はちゃんと進捗しているのか、とかね。夜中に仕事のことを考えていると、次々と不安になるんだよ」

「おお、それは良くない」

「だから、起きたらすぐにチャットツールでメンバーに確認をするんだ。『あれはどうなった？　こっちはどう？　この準備はしている？』とか。こうやって細かく聞きすぎてしまうこともどうかと思っているんだけど、そのまま放置することもできなくてね」

「うー、それは言われるほうも辛いな。で、どういうレスがあるの？」

「質問に対してレスポンスは返ってくるんだけどね、聞かれたことに対して最低限のコメントしかない。たとえば『A社へ訪問後、3日経ったけど、その後フォローアップはできているの？』という問いかけに対して、『すみません。まだできていません』とだけしか返ってこないんだ」

　南の苛立ちはわかるが、一方でそのメンバーの気持ちもわかる。どうやって返答しようか悩むんだけど、どう返しても怒られそうだから、結局悩んだ結果最低限のレスポンスになる。それは僕が矢崎さんに詰められたときのパターンでもある。

「だから俺もついイライラして、『いつやるの？　どんなフォローアップをするつもり？　そもそもなぜ今まで動いていなかったの？』という矢継ぎ早に問いかけをしてしまう。もう火がついちゃってるんだよね」

　それこそ、はてなハラスメントだぞ、南、という言葉が出かかる。

「そうすると、『2日以内に、こういうメールを送ります』という素っ気ないレスポンスが来るんだが、なぜ2日？　とか、そのレスポンスにも考えが不十分なポイントが見つかって、また問い返すことになってしまう。イライラは募るばかりだよ。もう」

僕はどちらの立場もわかって、返す言葉がなかった。

「本当にあいつら、いいかげんにしてほしいよ……」と南は頭を抱えた。いや、頭を抱えているのはコウゾウだ。

「俺は、責任意識が強すぎるんだろうな。目標のことを考えると、いても立ってもいられなくなるんだよ」

僕は冷静になり、この話をどう構造化するかに意識を向けた。自分が構造をつくって何かをアドバイスするよりも、南に客観的に状

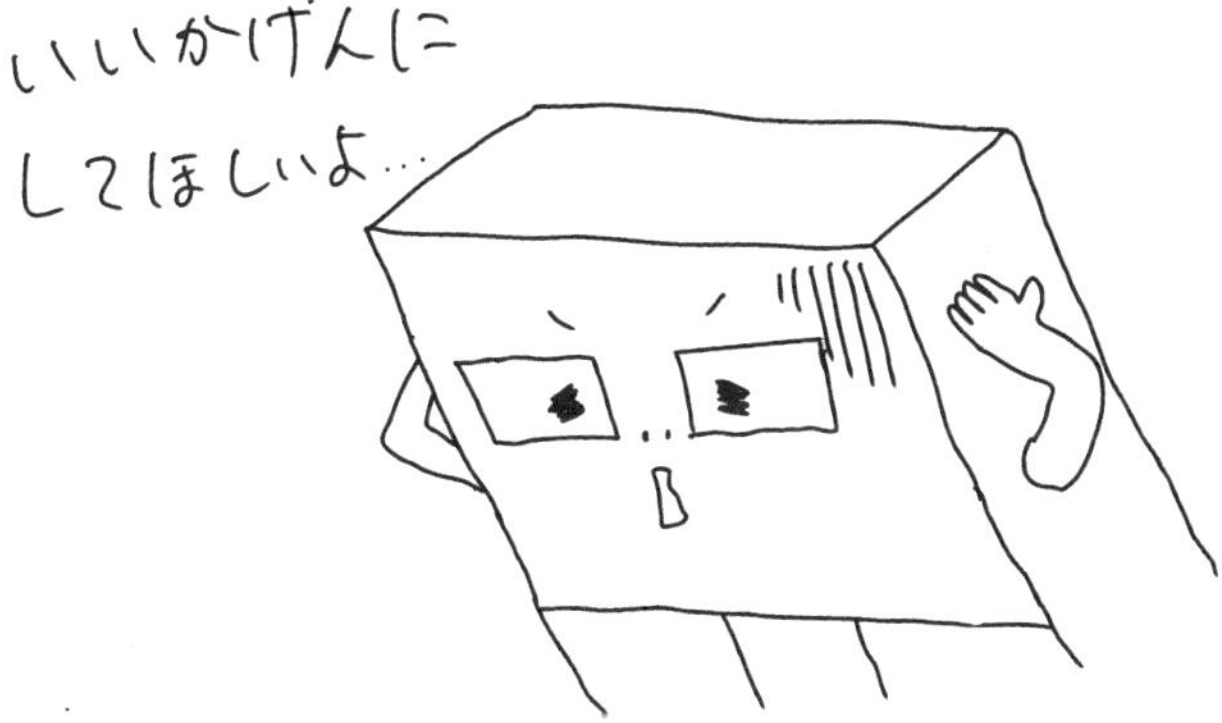

況を捉えてもらう必要があると考えた。南は焦りすぎて自分を俯瞰できていないのだ。

僕は紙を手に取った。

ステップ1 Purpose／構造化の「目的」を明確にする

僕はまず紙の端っこにPurposeを書き込んでみた（図44）。この状況でのPurposeはこんな感じだろう。

ステップ2 Piece／構造化のための「断片」を揃える

そして、南から語られた内容を、Pieceとしてリストアップしてみた。これも頭の中だけではなく、しっかり言葉に落とし込むことが大事だ。

図44　悪循環を構造化する目的（Purpose）を明確にする

誰が	南と利害関係のない自分が
いつ	今この場で
誰と	南と
何を考えるために	起きている事象を南に客観的に把握してもらい、違う視点でのアプローチを考えてもらうために

・メンバーが言われたことしかやらない（自発性に欠ける）
・言ったこと以外のことが不安になってしまう
・細かく聞きすぎてしまう
・自分の責任意識が強すぎるのかもしれない

語られた事象自体は複雑ではないので、Pieceはシンプルに整理することができた。

ステップ3 Perspective／構造化のための「視点」を考察する

では、これをどのようなPerspectiveで構造化していくのが良いだろう？

実際に南に言いたいことやアドバイスなどもあるが、Purposeは「南に自分自身を客観視してもらう」ことにある。なので、ここはひとまず「南が問題意識に感じていること」というPerspectiveで統一して構造化をしてみよう。

ステップ4 Pillar／構造化のための「支柱」を立てる

では、この南の問題意識を何本のPillarで示すのが良いのだろうか？

今回、南の問題意識としては、抽象化して分解すると「前提→前提からくる行動→行動の結果→結果から出てくる感情」という4点だった。なので、この4本をPillarとして示していくことにしよう。

ステップ5 Presentation／適切な「表現」を選択する

それでは、これらの考えをどのように表現するのが良いだろうか？

南の問題意識は循環構造にある気がする。だから、循環図をつくって表現してみよう。

また、その場で対話を深めることを重視して、精緻さを捨ててざっくりとした構造で表現することが良いはずだ。

そんな意識で、僕は即興で紙に雑にこんな循環図を書き込んだ（図45）。

図45　南は何に悩んでいるのか？

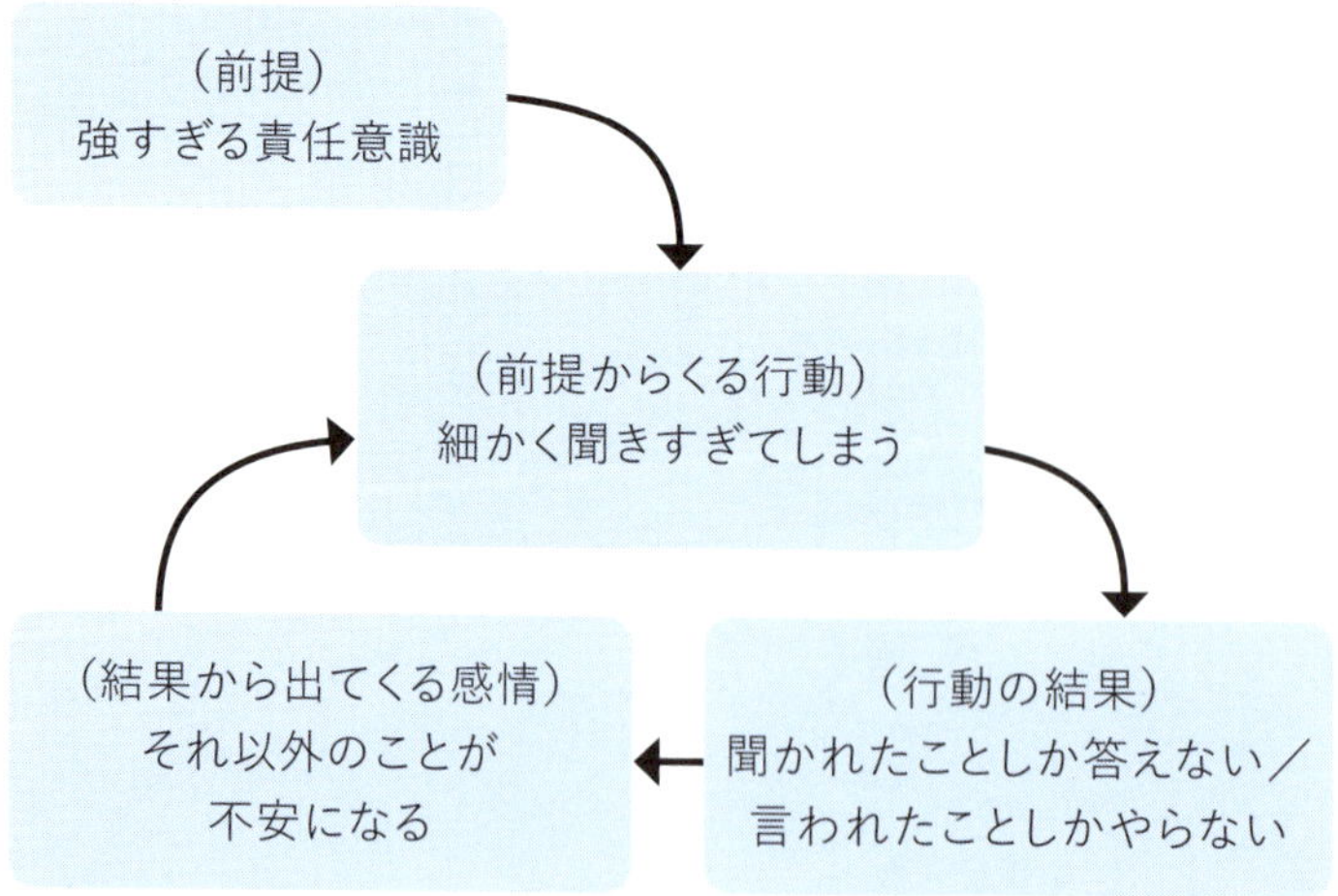

「南の言葉を借りると、南が置かれている環境ってこんな感じだと思うんだけど、どうだろう？」

僕は、即興で仕上げたこの構造表現を見せながら、南に投げかけた。

南は「うーん、まあここまで単純ではないんだけどね……」と言いながら、黙ってこの図を見ていた。

「もしこうだとしたら、どうやったらこの循環構造を断ち切れるかな？結構断ち切れそうなところってあるような気がするんだよね」と僕は問いかけた。

「そうだなぁ。たとえば……」と言いながら、南は自らペンを手にとり、構造表現に書き加えていった（図46）。

「たとえば、細かく聞いたとしても、必ずしも聞いたことだけしか答えないってことはな

図46　南は何に悩んでいるのか？（南自身の書き込み）

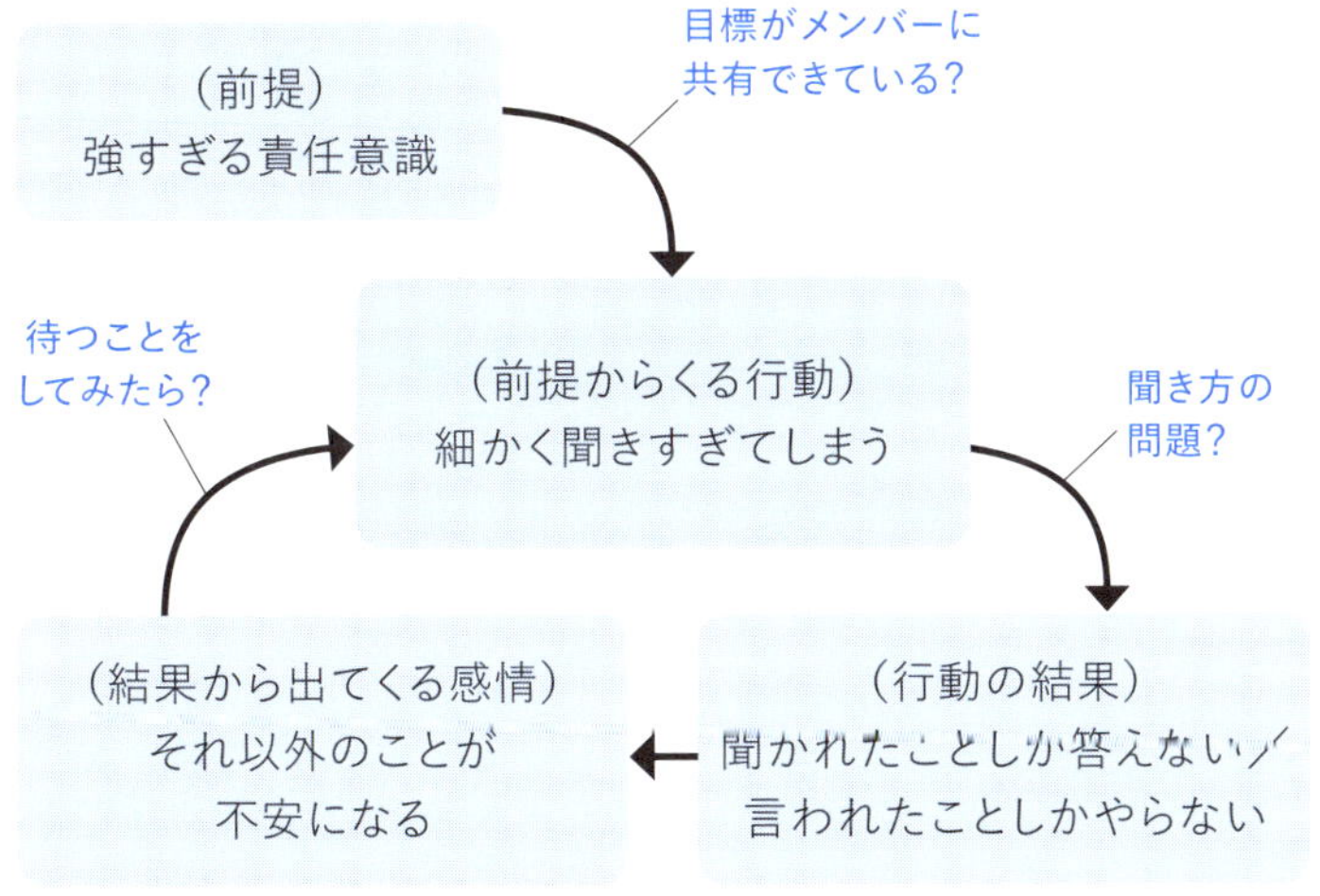

いよな。これは俺の聞き方の問題なのかもなぁ。それから、不安になってまた聞いちゃうんだけど、もう少し待つことを覚えてもいいかもしれない」

僕は黙って南の書き込みを見つめている。

「何より、責任意識が強いからといって、いろいろ聞いてしまうのも違うと思う。たぶん、目標にコミットしているのが自分だけだと思っているから、細かく聞きすぎちゃうんだろうな。目標そのものについて、もっとメンバーとの目線を合わせることが、何よりも大事なことなのかもしれない」

南は一人でうなずきながら、どんどん書き加えていった。

「そうか。こういうことか」

南は自分が書き込んだ構造図を見ながら、あらためて僕に向けて語りかけた。

「タカシ、ありがとう。なんだかわかった気がするよ」

その声は実に晴れ晴れとしていた。

「タカシくん、どうでしたか？」

そして次の瞬間、声は急に甲高いコウゾウの声になり、いつもの表情に戻っていた。その瞬時の切り替えに僕はびっくりした。どう見てもロボットだが、今まで南が本当に横にいる感じだった。

「お、おお。いや、なかなか手応えあったよ。うん、面白かった」

「どんな点を意識されたのでしょう？」

「うん、まず一つは、とにかくスピード感。会話の流れがなるべく途切れないように、即興でやることを意識したかな」

「確かに。最初は一人で手元の紙に何か書き込んでましたが、1分くらいでしたもんね」

「うん。それから、精緻でなくていいから、相手の言葉に出てきた悩みをつなげてあげるだけで、人は客観的に気づくんだなって」

「そうなんです。会議や対話でやる場合には、あんまり構造化そのものに過度に囚われる必要はありません。スピーディーに簡素に。でも可能な限り本質を押さえる。それが大事です」

「確かに。あとは、一緒に構造を磨いていけばいいからね」

「はい。一緒につくるっていう姿勢が大事なんです」

僕は、あらためてこんな簡単な図が持つ大きなパワーを思い知った。

たった4本の柱を矢印でつないだだけの図だ。しかし、これだけで人はいろいろな気づきを得ることができるのだ。


空腹を覚えて時計を見ると、もうお昼時になっていた。

集中すると時間が進むのはあっという間だ。そろそろお昼にしよう。

「この午前中、４つの演習問題を出して、構造表現のトレーニングをしてきたけど、どうでした？」

「そうだね。５Pを使いながら、マトリクス、ロジックツリー、意思決定構造図、そして循環図まで多くの表現をつくったね。その結果、構造化思考の使い方や力の入れ方がよくわかってきた気がする」

「ほう。何がわかりましたか？」

「完璧を求めてはならない、ってことだね」

「ふむふむ」

「最初のPerspectiveには全力で思考投入する。でも、それ以外の表現は余白を残しておくことが大事かな。そして、可能なかぎりクイックに思考を視覚化して、あとはそれを批判的に考えることで、ブラッシュアップをしていくってこと」

「はい。よくQuick&Dirtyとも言われます。素早く粗く、ということですよね。そして、それは、相手がいる場合もいない場合も同じですよね」

「うん。職場で僕はよく『まずは叩き台をつくれ』って言われるんだけど、**構造化というのは思考の叩き台なんだね**」

「はい。叩き台があるから、みんな建設的に批判ができるんです。会話だけのふわふわした状態で批判をしても、それは建設的にはなりにくいですから」

確かにそうだ。構造という叩き台があるからこそ、批判的になれるのだ。この前コウゾウが言っていたクリティカル・シンキングという意味が理解できた気がする。

「あとさ、もう一つ気づきがあったんだよね。それは常にノートとペンを持ち歩く、ということ」

「おお。どういうことですか?」

「どれだけデジタルデバイスが便利になっていても、構造化思考において、ノートとペンに勝るものはないんだなと。パソコンで構造を考えるのは難しい……」

「もちろん、いろいろなツールは出てきてますけどね。ただ、手書きの重要性は理解できます」

「いつでも手元で構造表現を作れる状態にあるというのは大事だと思ったよ。もう令和の時代だけど、いまだに手書きに勝るツールはないんだなと」

「はい。ホワイトボードやノートというようなアナログツールは、こういう即興の構造化の場で威力を発揮しますよね」

今回の演習では、その点も記憶に残った。

「さて、僕も一休みしますね」

と言いながら、コウゾウは充電ケーブルの側に寄っていった。
その滑稽な姿を見ながら、僕はお昼に何を食べようかと考えていた。

STRUCTURED
THINKING

Chapter 5

構造化の難所を乗り越える

コウゾウと出会ってから2週間が経った。

振り返れば、突然コウゾウが送られてきたのは、先々週の日曜日のことだった。そして、先週土曜日にはまた実践レクチャーをしてもらった。

そして、また土曜日がやってきた。

基本的に平日は学びを深めるために、スイッチをオフにしている。コウゾウはある意味ドラえもんのような存在なので、気を抜くと依存状態になりがちだ。自分で思考することをせずに何でも聞いてしまいかねない。だから、僕はコウゾウを起動するのを週1回に限定することにしたのだった。

1週間分、聞きたいことが溜まっている。僕はコウゾウに会うのが楽しみだった。


この2週間を経て、僕は自分自身のモノの見方に手応えを感じつつあった。確かに成長痛はある。まだ余計な時間がかかることも多いし、矢崎さんをびっくりさせるまでには全く程遠い。

しかし、それでもものの見方は変わりつつあった。

やはり5Pのプロセスを意識することはとても重要だ。面倒くささは確かにあるが、身体に馴染むまでは愚直に繰り返したほうがいい。


ただ、いくら5Pを意識したところで、構造的に整理できない事象もたくさんあることも事実だった。

「やっぱり才能がないのかな、それともまだ努力が足りないんだろうか……?」

僕は、自分の成長に喜びつつも、まだそこに大きな壁があることを感じていた。

「おや、今日はどうしました?」

起動した後、しばらく他愛のない雑談を交わしていたが、やがてコウゾウはそんな僕の物思いにふける仕草に気づいて、心配そうに声をかけてくれた。

僕が浮かない表情をしていると、必ず心配してくれる。その繊細さはどのセンサーによるものなのか……なんていう問いが一瞬頭の中によぎるが、コウゾウと向き合って話しはじめると、もはやコウゾウのことをロボットとは認識していない自分にも気づいた。

ロボット以上、人間未満??

この不思議な感覚は何と呼んだら良いのだろうか？

頭の中はまだ整理できていなかったけど、とりあえず今ぼんやり感じている、「5Pを意識してもなかなかうまく構造化できない」という課題意識をコウゾウに語ってみた。

「そうですか。うんうん。やっぱりタカシくんはなかなかセンスがあります。僕の目に狂いはありませんでした」

と言って、コウゾウはニヤリとした。

その表情を見て、僕は少し緊張感が高まった。コウゾウは、時に僕を評価するような発言をするが、そのとき僕は過去のコウゾウのデータベースの中で比較されていることに気づいたからだ。

果たして僕の構造化能力はどれくらいの順位なのだろう？ 偏差値にしたらどれくらいなんだ？ そんな余計なことが頭をよぎった。

「実は5Pって概念を伝えましたが、こういうことを理解して満足しちゃう人が多いんです。そこから、自分の身近な事例に落とし込んで、さらにその教えてもらったことをアップデートしていこうという姿勢を持つ人は、そんなに多くいません」

僕の頭の中をわかっているかのようにコウゾウは話す。

「まあ教えておいてなんですが、この手のフレームワークをありがたがっていてはダメですよね。もちろん、フレームワークは過去の先人たちが考えた知恵だから、それを知っておくことには意味があります。でも、それを知っていれば実践できるかっていうと、そういうわけではないんです。何でかわかりますか？」

「え、それは……何でだろう？　確かに知ってるだけじゃ使えないよね」

僕は、５Ｐという概念を学んだけど実際の現場ではうまく使えなかった場面を思い出していたが、その理由をうまく言語化できなかった。

「うん、その理由って何でしょうか？」

「それは、その……」

僕は頭の回転が遅いのだろうか。このようなスピード感のあるやり取りでは、頭がうまく回らなくなる。間違いなくコウゾウの中で僕の評価は下がったはずだ。

「そうですね。じゃあ、『具体と抽象』という補助線を頼りに考えてみましょうか？」

コウゾウは助け舟を出してくれた。「具体と抽象」という言葉は、今までも何度か出てきたキーワードだ。

「世の中に広く知られている先人たちの教えは、多くの人の役に立つということもあるのですが、その他に一つの特徴があります」

僕にはピンとひらめくものがあった。

「あ、先人たちの教えは、抽象度が高いということかな……。そうか。抽象度が高いから時代すら超えて多くの人の参考になる。でも、抽象度が高い分だけ、具体化しないと使えないいってことなのか」

僕はコウゾウが言わんとしていることがわかった気がした。

「そうです、タカシくん、さすがですね」

コウゾウは、また自分の目をプロジェクターにして、スクリーンにその概念を映写した（図47）。何度も見ているが、この機能はすごい。

「たとえば、その人にだけに意味がある超具体的なアドバイスは、めちゃくちゃ実践的ですが、その人だけにしか意味がない知恵ですよね」

確かにそのとおりだ。

「一方で、多くの人に意味があるアドバイスをしようと思ったら、ある程度みんなの状態を意識した抽象度の高いものにならざるを得ません。だからこそ、そこから先の過程は、意識して自分の状況に合わせたカスタマイズをしなきゃいけないんです」

そうか。だから、いろいろな人が「これは役に立つ」と言っているような知恵は、裏を返すと「そのままでは役に立たない」ということでもあるのだ。

図47　具体と抽象

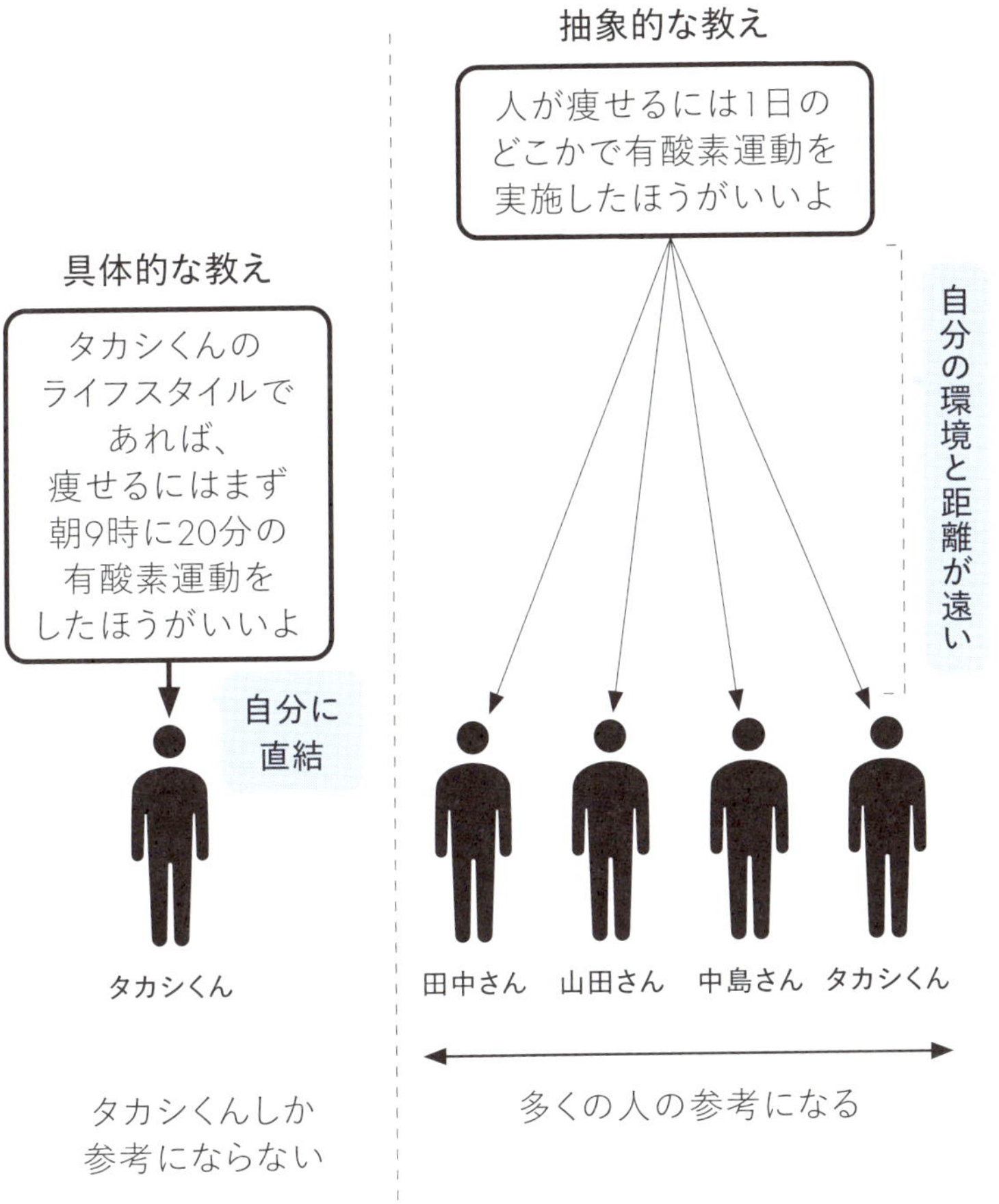
抽象的な教え
人が痩せるには1日のどこかで有酸素運動を実施したほうがいいよ
自分の環境と距離が遠い
田中さん
山田さん
中島さん
タカシくん
多くの人の参考になる
具体的な教え
タカシくんのライフスタイルであれば、痩せるにはまず朝9時に20分の有酸素運動をしたほうがいいよ
自分に直結
タカシくん
タカシくんしか参考にならない

「たとえば、タクシーと電車みたいな違いなのかな？」

僕はパッと頭に思いついたイメージを語ってみた。

「ん？どういうことですか？」

「つまりね、タクシーは個人が対象だからその人の家の前まで運んでくれるじゃない？でも、電車は多くの人が対象だから駅までしか送ってくれない。だから、電車を使うのなら、家まではちゃんと自分で帰らなきゃいけないってことと同じなのかなと」

「なるほど、その比喩は面白いです！確かにそうかもしれません。抽象的な先人の知恵は、最寄り駅まで運んでくれる。でも、しょせんは駅までだから、自分の足を使わないと家までは帰れないんですよね。駅に着くことで満足しちゃいけないんです」

コウゾウは目を上にクルクル回しながら、その比喩を自分のデータベースに取り込んでいるらしい。僕の思いつきがコウゾウのデータに取り込まれるのなら嬉しいな。


と同時に、やっぱり5Pは抽象概念だということを再認識する。「具体」ではない。つまり、多くの人の参考にはなるかもしれないけど、それは駅まで届けてくれるだけのことだ。5Pがしっくりきたからといって、すぐに僕がいろんなことを構造化できるようになったわけではない。

でも駅から自宅まではどうしたらいい？やっぱり場数を踏むしかないのだろうか？

良いPerspectiveを生み出す3ステップ

「じゃあ、駅から家に帰るまでの道のりをちょっと考えてみましょうか」

コウゾウはこの比喩が気に入ったようだ。さっそくナチュラルに使いはじめた。

「ちなみに、タカシくんは5Pを進めるうえで一番難しいのはどこでしたか?」

「それは、間違いなくPerspectiveだよ」

僕は即答した。そう、毎回良いPerspectiveが思いつかず、つまずいているのだ。

「やっぱりそうでしたか。僕のデータによると82%の人はそこでつまずくのですが、タカシくんも同じですね。前も図で描いて伝えたように、Perspectiveって、抽象と具体をつなげる接続点になるんです。これが難しいんですよね」

僕は自分がメモ書きしたノートを見返した。

確かに、Perspectiveが抽象と具体をつなぐ接続点として位置づけられている。抽象概念から考えるというトップダウンの矢印と、具体事象をグルーピングするというボトムアップの矢印のそれぞれがうまく重なる切り口こそが、良いPerspectiveになるのだ。抽象概念だけでもダメだし、具体事象だけでも成立しない。だから難しい。

「人間の頭は一方向だと考えやすいんです。たとえば、具体的なものを抽象化するというような『具体→抽象』という流れとか、抽象的なものを具体化するという『抽象→具体』という流れは、矢印が一方向なのでそれほど難易度は高くありません。でも、この両方の矢印を睨みながら接続を考える、ということの難易度はケタ違いなんですよ」

なるほど、そうかもしれない。「Purposeベース」や「Pieceベース」というPerspectiveを生み

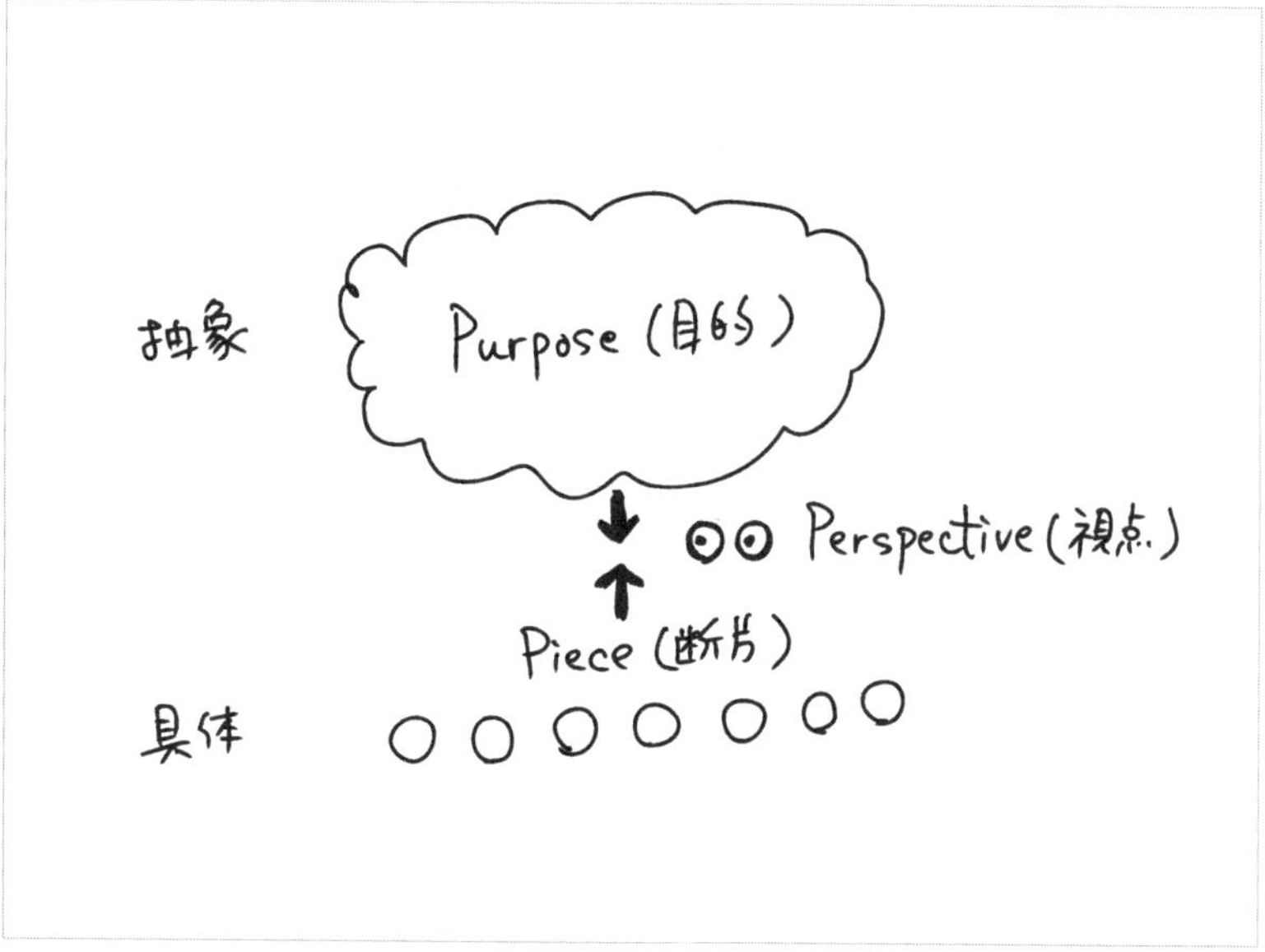

出すアプローチを初日に教えてもらったが、頭の中ではPurposeとPieceを一度に考えて、何を考えたら良いのかわからなくなっていたのだ。

「だから答えはシンプルなんです。Perspectiveを考えるときは、具体と抽象をまとめて一度に考えるんじゃなくて、バラバラに考えれば良いんです」

確かに……。でもバラバラに考えるということはどういうことなんだろう？

「3つのステップに分けてバラバラにするんです。その3つのステップとは、『**広げてから、上がって、下がる**』です」

そう言いながら、コウゾウはその言葉を構造的に整理して、目から映像を写してくれた（図48）。

図48　良いPerspectiveを生み出す3つのステップ

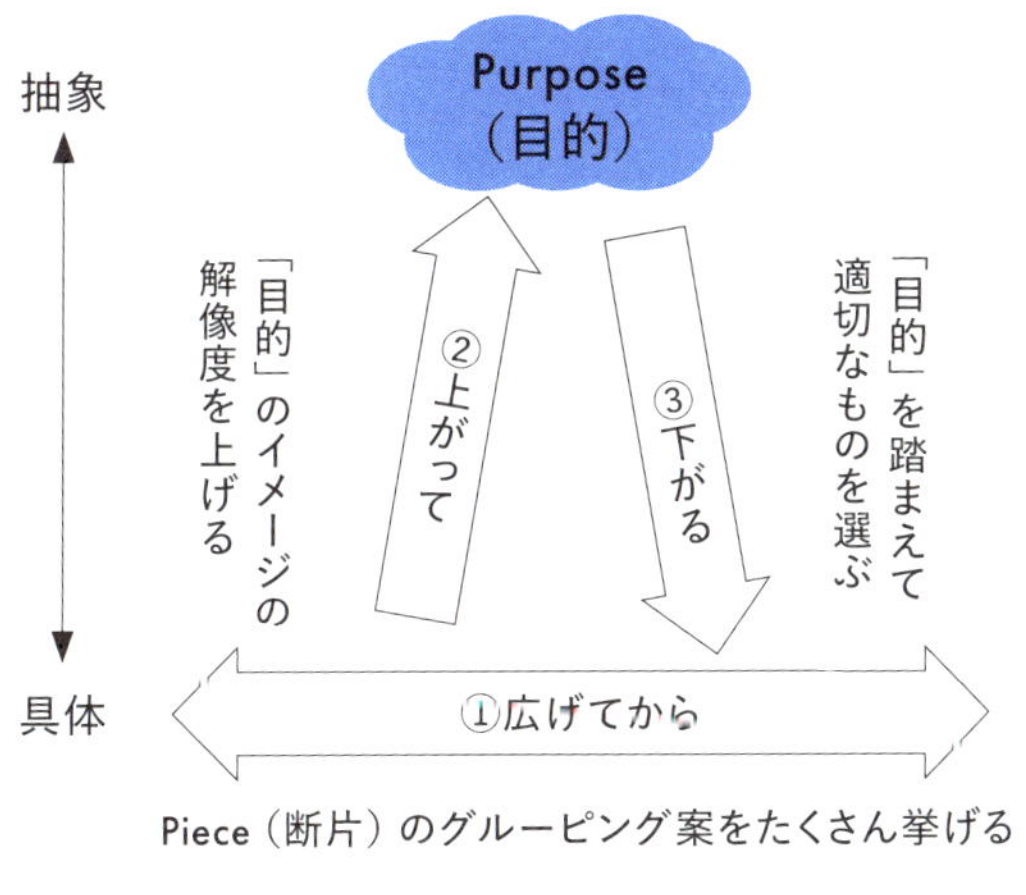

「良いPerspectiveが見つからずに悩んでいる人には、この3つのステップを愚直に踏んでみることをアドバイスしています。そうすると、面白いくらいに頭が回転しはじめるんですよ」

そうなんだ……？　まだよくわかっていないけど、効果があるなら試してみたい。

「じゃあ、具体的な事例を通して考えてみましょう」

「スキルの構造化」事例

「そうですね……、じゃあ、即興でタカシくんのスキルを構造化してみましょうか」

「おお、先週に引き続き実践だね？」

「はい、この1週間でどれくらい成長してますかね」

コウゾウの微笑みに、僕はなぜかちょっと緊張感が走る。


「じゃあ、スキルの構造化をしていきたいのですが、具体的に何か使う場面ってありそうですか？」

スキルの構造化か……。何か使う場面があっただろうか？

「そうだ、今度人事部と1on1の面談がちょうどあるんだ。そのときにもし構造化されたスキルマップのようなものがあれば、良い議論ができるかもしれない」

人事担当者が驚いた顔がイメージできた。これは面白そうだ。僕はメンターの矢崎さん経由の情報で、間違いなく心配されている。

「それはちょうど良い機会ですね。ではその場面をイメージしながら、5Pを考えていきましょう。まずはPurposeですね」

「そうだな。Purposeは2つ考えられて、一つは構造表現を直接見せることで、人事の人に順調に成長していると思ってもらうこと、かな。あともう一つは、その構造表現をベースに、今後の僕の成長の方向性についても議論できたらいいかなと思う」


コウゾウと話しながら、僕の頭の中に人事の人と1on1で議論しているイメージが浮かんできた。

「おお、いいですね」

コウゾウはそう言って、僕が話したことを投影してくれる（図49）。

図49　タカシくんのスキルを構造化する目的（Purpose）を明確にする

誰が	たぶん評価があまり芳しくなく、成長を心配されている自分が
いつ	1 on 1の現場で
誰と	人事部の人と
何を考えるために	1）構造表現を直接見せることで、順調に成長していると思ってもらうこと 2）その構造表現をベースに、今後の自分の成長の方向性について議論すること

「では、次はPieceにいきましょう。タカシくんが今自分が持っていると思うスキルを、ランダムでいいので書き出していってもらえますか？」

コウゾウは僕にホワイトボードのペンを渡した。

うーん、僕のスキルって何だろう？

とりあえず、思いつくままに書き出してみた。

1 商品知識
2 顧客対応スキル
3 営業プロセスの理解
4 自己管理能力
5 データ分析スキル
6 プレゼンテーションスキル
7 ネットワーキングスキル
8 時間管理能力
9 営業ツールの活用力

まあ、こんな感じだろうか？ いろいろ種類の異なるものが混じっている気がしなくもないが、後で整理すればいい。

「とりあえず、できたよ」

コウゾウはホワイトボードを眺めながら、微笑んでいた。

「即興にしてはなかなかいい感じです！　すごい！」

そう言って僕をいったん持ち上げてから、コウゾウは冷静に語る。

「じゃあ、このPurposeとPieceを踏まえて、どのように良いPerspectiveを考えていけばいいのか、具体的に3つのステップを踏んで考えてみましょうか」

ステップ1 広げてから

Pieceのグルーピング案をたくさん挙げる

「それじゃあ行きますよ。まず、ステップ1は『広げてから』でしたね。ここでは難しいことを考えずに、頭に思い浮かぶグルーピング案を可能な限り挙げてみましょう」

難しいことを考えずに……か。

確かに今僕は瞬間的にPurposeを考えながら、そのPurposeにふさわしいグルーピング案を考えようとしていたかも。

そんな僕の頭の中の呟きを理解しているかのように、コウゾウは語る。

「ここではPurposeとか面倒なことはひとまず忘れるんです。さっきも言いましたけど、複数のことを同時に考えると思考停止しちゃうことが多いんです。だから、Pieceだけを見つめて、この９つの具体的なスキルがどのような分け方が可能なのかだけを考えるんです」

そういうことか。

僕は、９つのスキルをじっと見つめた。

うん……何でもいいというんだったら、いくつかアイデアは浮かんできた。

「じゃあ、ちょっと思いついたのを書き出していっていいかな？」

「どうぞ、ホワイトボードに書いてみて」

促されるままに、僕はグルーピング案を一つずつ書いてみた。

「まず、一口にスキルといっても、すぐにアップデートしなきゃいけないスキルがありそうだなと思って一つ浮かんだよ（図50）」

「それから、2つ目。スキルの中でも、それほど必要とされてないものもあるよな、と気づいて分けてみた（図51）」

図50　Perspective：スキルの寿命

一度身につけたら長い間使い続けられるスキル	2. 顧客対応スキル
	3. 営業プロセスの理解
	4. 自己管理能力
	6. プレゼンテーションスキル
	7. ネットワーキングスキル
	8. 時間管理能力
常にアップデートし続けなくてはならないスキル	1. 商品知識
	5. データ分析スキル
	9. 営業ツールの活用力

図51　Perspective：スキルの需要の大きさ

我が社の営業に今すぐ求められるスキル	1. 商品知識
	2. 顧客対応スキル
	3. 営業プロセスの理解
	4. 自己管理能力
	8. 時間管理能力
	5. データ分析スキル
我が社の営業にそれほど必要のないスキル	6. プレゼンテーションスキル
	7. ネットワーキングスキル
	9. 営業ツールの活用力

徐々にしんどくなってきた……。

「うーん、3つ目。自己管理とか時間管理って必ずしも営業だけに関係するわけでないよな、と思ったら、こんなグループ分けができた（図52）」

あ、最後にちょっと思いついた！

「4つ目は、自分がこれらのスキルに対してどれくらいのレベルなのか、かなりバラツキがあるなと気づいて出てきたグルーピング案だよ。考えられるのはこれくらいかな（図53）」

出したアイデアを見て、コウゾウは満足そうにうなずくとともに、僕の書いたホワイトボードの文字をスキャンして取り込んでいるようだ。目をクルクル回している。

「うん、いい感じです。めちゃいい感じ。ここまでのスピード感を見ても、だいぶ構造的思考に慣れてきた気がしますね！」

確かにあまり時間をかけずに「物事を分ける」ためのアイデアが出てくるようになった気がする。これも、コウゾウに出会ってから、日常的に目に見えるものを分解することをしているからなのか。

図52　Perspective：営業行為への直接的関係性

非営業スキル	4. 自己管理能力
	8. 時間管理能力
非対面営業スキル	1. 商品知識
	3. 営業プロセスの理解
	5. データ分析スキル
	9. 営業ツールの活用力
対面営業スキル	2. 顧客対応スキル
	6. プレゼンテーションスキル
	7. ネットワーキングスキル

図53　Perspective：現状のスキルのレベル感

基礎レベルのスキル	2. 顧客対応スキル
	5. データ分析スキル
	6. プレゼンテーションスキル
	7. ネットワーキングスキル
	9. 営業ツールの活用力
応用レベルのスキル	1. 商品知識
	3. 営業プロセスの理解
	4. 自己管理能力
	8. 時間管理能力

でも、やみくもにグルーピング案を挙げているだけなのがちょっと気になる。決して精度が高いとは思えないからだ。

「今まで、直感的な気づきを頼りにグルーピングをしてきましたよね。ここで大事なことは、繰り返しになりますが、具体的なPieceだけを広く見ることなんです。余計なことを考えずに、とにかくPieceを分類することだけを考えるんです。そうすれば、少し時間をかければ、3〜4つくらいはアイデアが浮かんでくるはずですから」

「うん、確かにそのとおりだとは思う。でも、必ずしもそんなケースばかりでもないと思う。慣れてきたとはいえ、このアイデアを挙げるのも大変だったし、今まで分類のアイデアが一つも出なかったこともある……」

僕はホワイトボードを前に全く手が動かなかった会議の場面を思い出していた。そんなに即興で議論の骨組みになるようなPerspectiveがどんどん出てきたら苦労はしない。

「そうですね、確かに実際には難しいこともあります。特に、会議で仕切るときとか、スピード感を求められるような場合は難易度が高いですよね。そんなふうに、パッとグルーピングのアイデアが浮かばないときにどう捻り出すかの工夫は必要なのです」

コウゾウは今まで僕みたいな人たちをたくさん相手にしてきたのだろう。多くの人はどこでどうつまずくのかがわかっているという安心感がある。

「そのポイントはまた後で伝えますね。ひとまず、広げた後の話に進みましょう。この次は『上がって』ですよ」

ステップ2

上がって

Purposeのイメージの解像度を上げる

「今までが具体レイヤーから考えるステップだとしたら、このステップは、抽象レイヤーに上がってから考えるアプローチです」

僕はさっきコウゾウが「広げてから、上がって、下がる」を説明してくれたときに描いた図を思い出していた。

「ということは、抽象レイヤーに上がるということは、次はPurposeについて考えるということだね?」

「そうです。Purposeの解像度を高めるんです。で、ここでもまた繰り返しになるんですけど……」

僕は次の言葉をパッと思いついた。

「複数のことを同時に考えないってことだね。つまり、今度はPieceのことはひとまず忘れて、Purposeだけを考えるってことでしょ？」

「そうそう、さすが。そのとおり。考えることは一つにフォーカスしましょう。じゃあ、この『スキルの構造化』におけるPurposeは何でしたっけ？」

「うん、それは2つあって、一つは『順調に成長していると思ってもらう』ということ。もう一つは『今後の方向性について議論する』ということだね」

「OK。じゃあ、質問です。このPurposeが実現できている状態とはどういうことですか？」

Purposeが実現できている状態……？　はて、どういうことだろう？

「つまりですね、たとえば『順調に成長している状態』ってことを理解してもらえている状態』って

いう最初のPurposeがありますが、これってどんな状態だと思います？ミーティングが終わったタイミングのことをより具体的に想像してみてください」
「ああ、そういうことか……。これは実際にそういう会話になったんだけど、うちの人事の人って成長をより大きな視点で捉えているんだよね。だから、単に『レベル2のことができるようになった』ということだけじゃなく、『レベル5まであるうちのレベル2ができるようになった』という示し方をすると、自分の成長についての理解を深めてもらえるんだ」
「なるほど。そうすると、単にスキルを並べるだけじゃなくて、それぞれのスキルに対して何らかのレベルの基準をつくって、今自分のスキルレベルがどのあたりにあるのかを示すのが良さそうですね」

そうか、さっきはスキルをどう分類するかばかり考えていたけど、今度はPurposeというゴールから考えていくのか。「上がって」という言葉のイメージが持てたかもしれない。

「じゃあ、もう一つのPurposeだった『今後の方向性について議論ができている状態』をリアルにイメージしてみましょうか。こっちはどういう状態ですか？」

何だろう……。

僕が言葉を探している間にコウゾウは言葉をつないだ。

「たぶん、人事サイドとしては今後のキャリア展開を考えながらの面談になるはずですよね？ そうだとすると、どういう議論になりそうですか？」

コウゾウは思考停止したタイミングを見計らって、言葉をつなぎながら緩やかに思考を回してくれようとする。

「うーん、たぶん議論としては、営業としてのキャリア展開なのか、それとも営業以外の可能性を見据えるのか、ということになるかな。うちの人事はだいたい3年目までに営業適性を見極めるんだ」

「なるほど、営業を続けるかどうかが論点になるんですね。そこが一つの大きな論点だとするならば、得てきたスキルが営業に特化したものか、そうでないのか、ということに分かれていると議論がしやすいかもしれませんね」

ステップ3 下がる
Purposeを踏まえて、適切なものを選ぶ

「さて、今までは上に上がってPurposeをしっかり考えてきましたが、最後のステップは、この双方のアプローチを接続することです」

ここまで来て、ようやくこの先の流れが見えてきた。

「ステップ1で広げた4つのグルーピング案の中から、ステップ2で考えたPurposeにフィットするものはありそうでしょうか？」

そう言いながら、コウゾウは目から映写をした（図54）。

「そうだな。まず、ステップ2で挙がった一つ目の『レベル』というキーワードには、一番右側の『レベル感別』というアイデアがフィットしそうかも」

「そうですね。ではPerspectiveの一つはこれを採用しましょう。ただ、この『スキル別』の分け方は、アイデア段階では『基礎』と『応用』という2本のPillarでしたね。ここは何か改善の必要はありませんか？」

図54　Purposeを踏まえて、適切なものを選ぶ①

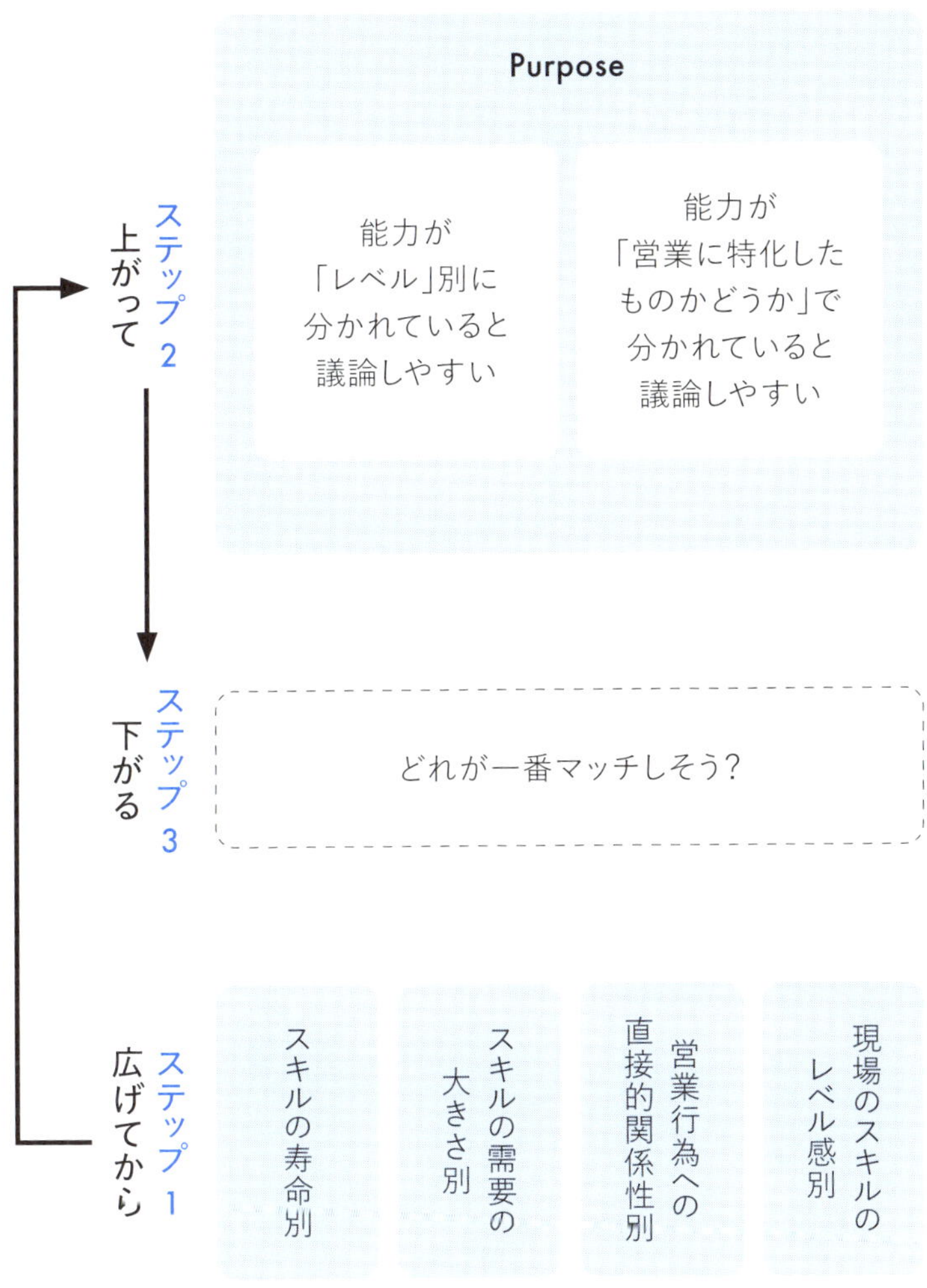

あ、そうか。もう少し上のレベル感があると、人事の人と議論しやすくなるかもしれない。

「たとえば、『基礎』『応用』に加えて、他人に指導可能なレベルとして『マスター』というレベルを上に加えると、より長期的な視点で成長を議論できるかも」

「いいですね、じゃあこのPerspectiveには3本のPillarを用意することにしましょう」

コウゾウは大きくうなずきながら受け止めた。


「では、他にもフィットしそうなPerspectiveはありますか？」

うん、もう一つ確実にある。

「『営業に特化した能力かどうか』というPurposeには、『営業行為との直接的関係性別』が適してると思う」

僕は素早く回答した。

「ＯＫ。それでは『レベル別』と『営業との関係性』という2つのPerspectiveを採用することにしましょう」

と言いながら、コウゾウは図を目から投影した（図55）。

図55　Purposeを踏まえて、適切なものを選ぶ②

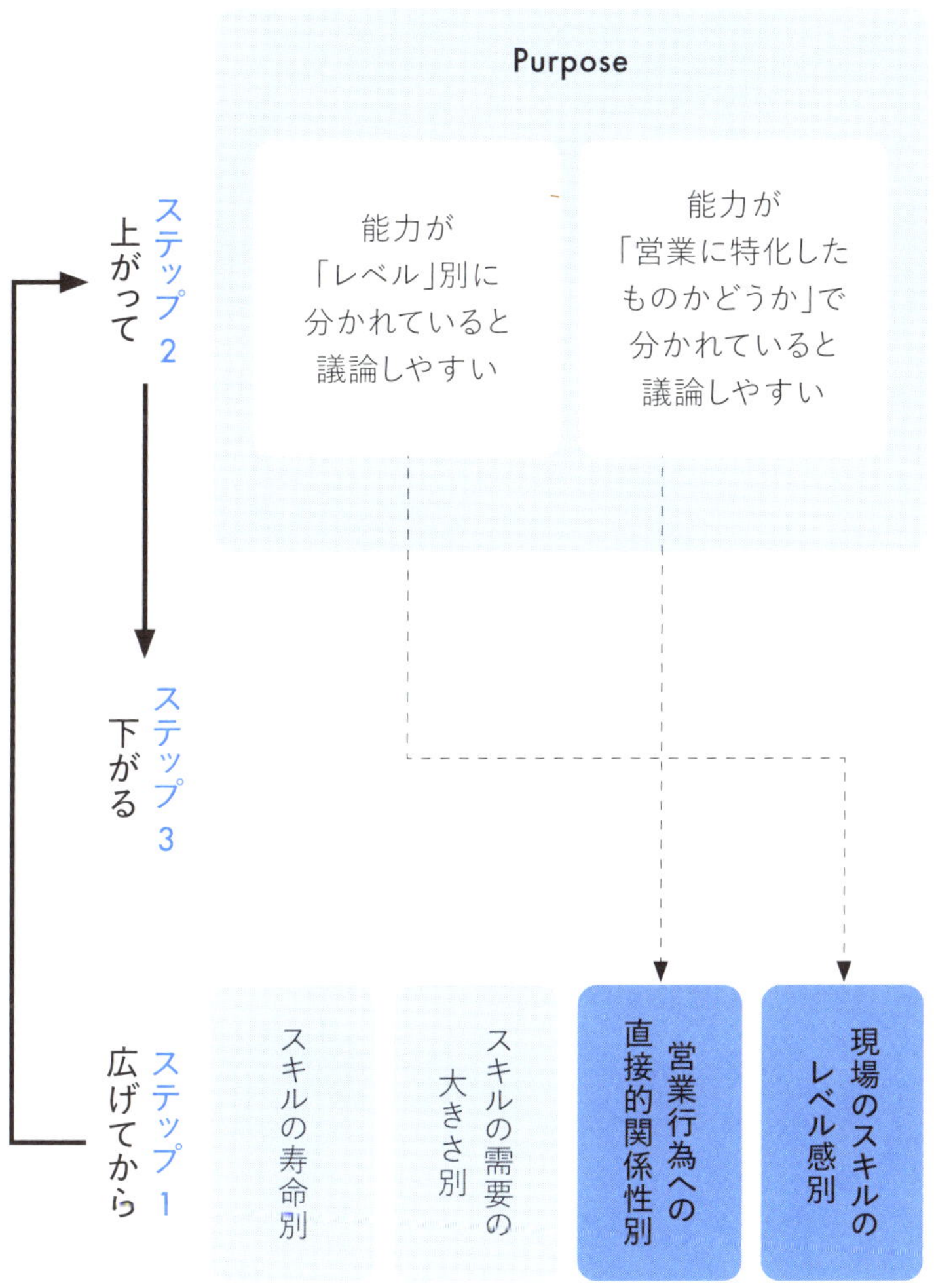

「どうでしたか？ 今まで『広げてから、上がって、下がる』という3つのステップを通じてPerspectiveを出すためのコツを伝えたのですが、Perspectiveを出すことへの苦手意識は少しは和らぎましたか？」

「うん、やっぱり同時に考えちゃうから難しいんだということはよくわかったよ。ショートカットしようとして無意識のうちに同時に考えちゃうから、それをちゃんと分けて、それぞれ丁寧に考えることが大事なんだね」

「そうなんです。簡単な構造化は複数のことを同時に考えられちゃうんですが、そのノリで難問に挑むと撃沈します」

なるほど。わかる気がした。焦っちゃいけないんだ。

「良いPerspectiveが出てこないなと思ったら、『広げてから、上がって、下がる』というキーワードを思い出してみてください。まずはそこが伝われば〇Kです」

構造表現は何が適切か？

「じゃあ、この2つのPerspectiveを取り入れたPresentationは何が適切だと思いますか？」

「そりゃ、これはマトリクスでしょう。Perspectiveが2つあって、それが並列で重要だからね」

「さすがです。では、この2つのPerspectiveについて、どちらを横軸に置いたほうがいいですか？」

お、そうだった。マトリクスは、どちらを縦軸、横軸にするかで見え方が全く変わってしまう。

「えっと、横軸にスキルのレベル感を、縦軸に営業行為への直接の関係性を配置するのがいいかな」

「そうですね。ちなみに何でですか？」

「レベル感は、左から右へという流れで見せたほうがいいから……かな」

「そのとおり！ さすが。ということで、それを構造表現すると、こんな形になりますね」

コウゾウは目から映写した（図56）。

おお、構造表現すると立派に見える。これを準備して人事との面談に臨んだら、どういう会話になるだろう？ 今からワクワクしてきた。

どれだけ広げられるかの勝負

「ということで、今回はより丁寧に構造表現までつくってみましたが、どうでしたか？」

図56　タカシくんのスキルマップ

スキルのレベル感 →

営業行為への直接の関係性 ↓

スキルカテゴリー	スキル名	基礎レベル	応用レベル	マスターレベル
非営業スキル（汎用スキル）	自己管理能力		○	
	時間管理能力		○	
非対面営業スキル	営業プロセスの理解		○	
	営業ツールの活用力	○		
	データ分析スキル	○		
	商品知識		○	
対面営業スキル	顧客対応スキル	○		
	プレゼンテーションスキル	○		
	ネットワーキングスキル	○		

「うん、少しイメージがついた気がするよ。ただ……」

「ただ？」

「『広げる』ということがその中でもまだ自信がないんだ」

コウゾウは深くうなずいた。

「そうなんです。やっぱり多くの人が難しいというのは、『広げる』、つまりどれだけ多くの分類のアイデアが出せるか、ということです」

「うん、実際には頭が凝り固まって1つ、2つしか出てこない場合が多いんだ。そうすると、広がらないから、上がって下がっても、良いPerspectiveが探せる確率が高まらないと思う」

「そうですね。だからこそ、良いPerspectiveを生み出すためには、とにかくグルーピングのアイデアを生み出すことに尽きます。このアイデアの数があれば、マッチングの可能性が高まるということです。**良いPerspectiveとは結局、数の勝負なのです**」

コウゾウの口調は力強い。きっと、みんなここでつまずいているから実感がこもっているのだろう。

「でも、何となくなんだけど、構造化がうまい先輩たちは、『広げる』というプロセスを踏んでいるようには思えないんだよな……。実際にはどうしているんだろう？」

僕は思わずつぶやいた。

「確かにこの手の思考に慣れている人は、この『広げる』というプロセスを省略しているように見えることもありますよね。Purposeから考えると、こういうPerspectiveがいいかもしれない……というように、パッとPerspectiveを出しているように見えることがあります」

コウゾウは僕の疑問をひとまず受け止めた。

「でも、これは今まで『広げる』というプロセスを数多くこなしてきたからこそ、頭の中で瞬時にできるようになってきただけのことです。喩えるならば、今まで公文式でたくさん計算問題をやっていれば、徐々に2桁の掛け算も暗算でできるようになるようなイメージです。慣れていくと手を動かさずに頭の中で処理できてしまいますが、結局頭の中では同じ計算をしているだけなのです」

そうか。僕は今まで計算問題を解く回数が少なかったということか……。慣れないうちは、『広げる』というプロセスに対して愚直に手を使ってグルーピングのアイデアをたくさん出さなきゃいけないんだ。

それを繰り返していけば、やがて手を使わなくても『広げる』ということが脳内でイメージできるようになり、PurposeにフィットしたPerspectiveをあたかも直接的にひらめいたかのように考えを進められるのか……。

僕はコウゾウの言わんとしていることを理解した。

しかし、ちょっと横道に逸れてしまったが、改めてどうやったらグルーピングのアイデアを今まで以上に広げられるのだろう？

グルーピングづくりを実践してみよう

「じゃあ、もう少し『広げる』ということを深めてみましょうか。まだここにはコツがあるんですよ」

コウゾウはどこか楽しそうだ。

「では、そのコツを理解するために、ピクトグラムを使ったグルーピング方法を考えてみましょう」

コウゾウはそう言って、目から9つのピクトグラムを投影した（図57）。

図57　9つのピクトグラム

目の前にはランダムな図が映写されている。

「では、この9つの図のグルーピング方法をできるだけ挙げてみるという演習をやってみましょう。何か浮かびますか?」

僕はパッと思いついたものから口にしてみた。

「まずは色に注目して、『白地/黒地』というグルーピングが考えられるかな!」

「はい、こんな感じですかね?」

コウゾウはうなずきながら、そのグルーピングを投影した(図58)。

「いい感じです。ではテンポ良く他のアイデアも挙げてみましょう」

「『生物/無生物』というグルーピングもできそう!」

「そうですね。そして、そのアイデアはまだ深く分類できそうですね?」

「深く?あ、さらに生物は『ヒト/ヒト以外』という

図58　白地と黒地にグルーピングする

形にも細分化できそうかも」

「いい感じです！」（図59）

「あとはどうですか？」

「うーん、スポーツしてそうなものが多いから、『スポーツしている／していない』で分けてみようかな」

「なるほど。でも、そうしたら、音楽で踊っている人はどうなります？ 微妙ですよね？」

「確かにそうだな……。じゃあ、『動作の途中／動作に無関係』という分け方はどうだろう？（図60）」

「あ、いい表現になりましたね」

「さあ、この3つくらいまでは

図59　生物と無生物にグルーピングする

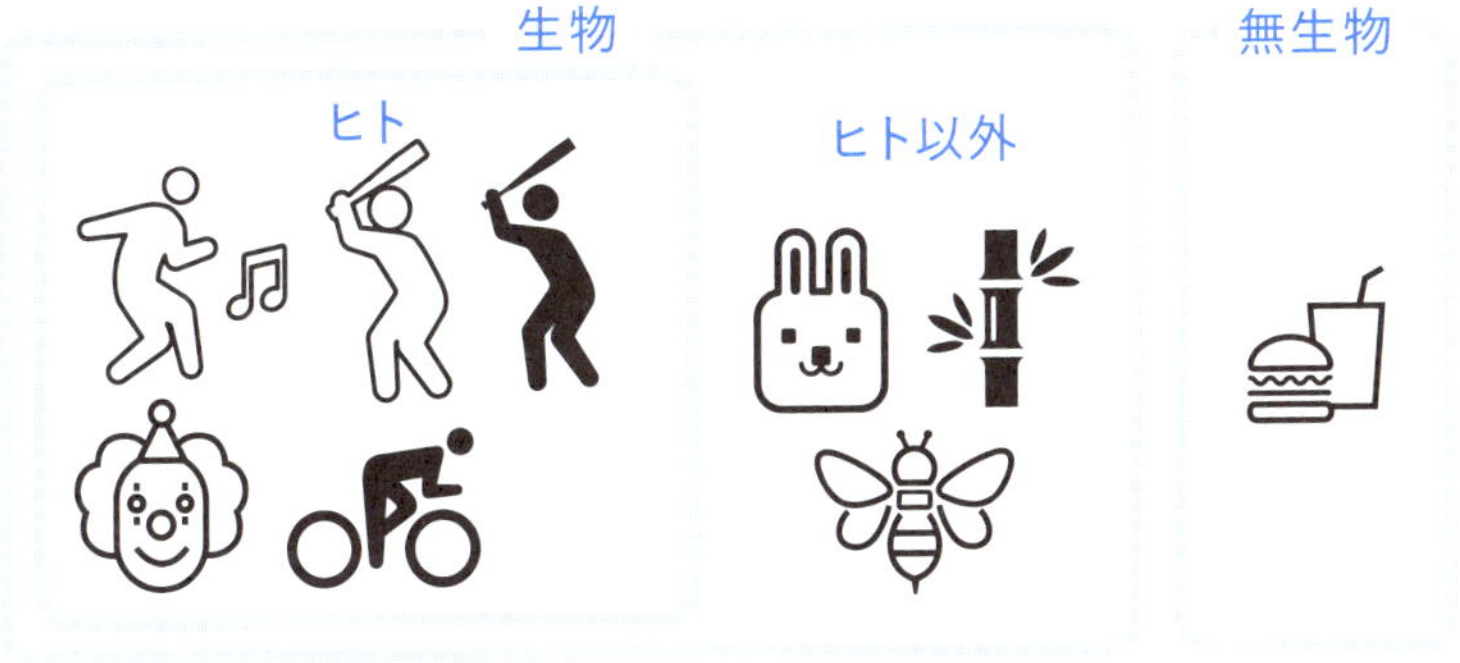

図60　「動作の途中／動作に無関係」でグルーピングする

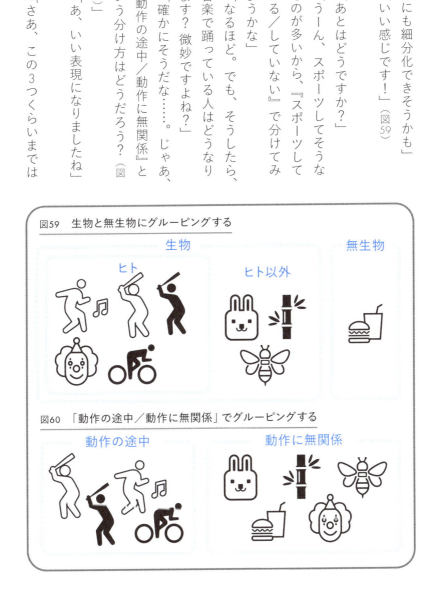

パッと挙がるはずです。想定どおりです。でも、勝負はここからです。ここからは工夫しないとなかなかアイデアが挙がってきません。いかがですか？」

「うーん」

確かに……。もうアイデアが浮かんでこない。

「たいていは、このあたりで切り口が浮かばずに挫折してしまうんですよね。だから、『上がって、下がって』とプロセスを踏んでも良いマッチングができないんです」

そのとおりだ。候補が少なければ可能性は小さくなってしまう。

「私はこの手のディスカッションに数多く付き合ってきた結果、一度止まってしまった思考を再び回転させるために効果的なアドバイスを発見したんです。そのアドバイスをズバリ申し上げていいですか？」

「お、おう」

「それは、『**マクロで思考が止まったら、ミクロにフォーカスせよ**』です」

コウゾウはドヤ顔をしながら、僕の困惑した顔を見つめている。

ミクロにフォーカスせよ

「あれ？　わかりませんでした？」

「うん。まだ何が言いたいのかピンとこないや。どういうことかな？」

僕は苦笑いしながら答えた。コウゾウはドヤ顔から急に真剣な表情に切り替わった。

「じゃあ、ちょっと質問ですが、タカシくんはグルーピングを考えるときにどんなことを考えてますか？」

「どんなことって、いくつかのモノを見ながら、共通項がないかなって考えているよ」

「そうですよね。でもそれって難しくないですか？」

「まあ確かに難しいけど……」

「なんで難しいか、わかります？」

コウゾウはニヤリとしながら質問をしてくる。その顔に、ひらめくものを感じた。

「あ、そうか。さっき言ってた『複数のことを同時に考えると思考停止しやすい』ってことか！」

「そうなんです。複数のピクトグラムを見ながら共通項を考えるって、実はかなり難しい

んです。もちろん、パッと浮かぶものはすぐ出てきます。でも、それで終わってしまう。そこからは、ちょっと頭の使い方を切り替えないとダメなんです」

そうだった、そうだった。同じことなんだ。

「では、複数のことを考えて思考停止したら、どうするんでしたっけ？」

「複数のものをバラバラに分けて考えてみる、だよね？」

「でしたよね。そうすると、今回の件ではどうしたらいいでしょう？」

「えっと、複数のピクトグラムを見るのではなく、一つをじっくり見つめるってこと？」

「そう、それこそが『ミクロにフォーカスせよ』ということです」

なるほど。マクロというのは、引いた視点で複数のことを見つめる視野のことか。それで思考が止まってしまったら、一つだけのミクロな視点で考えろということか。

「でも、ミクロに注目するってどういうことなの？」

「じゃあ、具体的に考えてみましょう。たとえば、このピエロのピクトグラムに注目して考えてみてください」

と言って、コウゾウはピエロのピクトグラムだけを映写した（図61）。

「これだけを見つめてください。そして、気づいたことを挙げてみてもらえますか？」

気づいたこと？　そういえば、ピエロだけをじっくり見ると、いろいろ見えてくるな。

「たとえば、鼻には円が使われている、とか？」

「はい、そうですね。そうしたら、その観点で、他のピクトグラムを見てみましょう。円が使われているピクトグラムってありますかね？」

「あ、いっぱいあった。人の頭は基本的に円が使われている！」

「そうですね。そうしたら『円が使われているもの／使われていないもの』というグルーピングができますね」

コウゾウはその整理を投影した（図62）。

「これでグルーピングのアイデアが一つ加わりました。この調子でいきましょう。他にありますか？」

「そう言われてみれば、ピエロはちょっと微笑んだ表情をしているね」

「そうですね！ では表情があるものって他にありますか？」

「あ、うさぎには表情があるかも」

図61　ピエロのピクトグラム

「はい。そうすると『表情があるもの／ないもの』というグルーピングができましたね！（図63）」

「はい。このへんでいいでしょう。一回止まった思考も、ピエロという『ミクロ』に注目するだけであっという間に2つ加わりましたね」

確かに、考える視点を絞るだけでこんなにアイデアが生まれるのかと自分でも驚いた。

「じゃあ、さらに見る角度を変えて、ピエロという文字に注目してみましょうか。何か気づくことがありますか？」

「え、文字……？ カタカナってことかな？ ってことは、海外から来た輸入品であるってこと？」

「はい、実際に、ピエロはフランス語ですよね。そうすると、そこに着目すると？」

「『海外から伝来したもの／日本にあったもの』というグルーピングも可能かもしれない」

「そうですね。まあ実際には海外から伝来してきたもの、という言葉の定義はもう一段階丁寧にやる必要はありそうですが、ここはひとまず良しとしましょう」

コウゾウは新しく加わった分類方法を目から映写した（図64）。

図62　こんなグルーピングも……①

図63　こんなグルーピングも……②

「はい、ミクロを見ることで、3つもグルーピングのアイデアが加わりましたね。

ここは繰り返しになりますが、多くのことを同時に考えて思考が止まったならば、シンプルに一つのことに注目すると頭が再び活性化しやすくなるのです」

「そうか。これは別にグルーピング案を生み出すことに限ったことじゃないね。アイデアに行き詰まったら、分解して視野を意図的に絞ってみるということだね」

図64　こんなグルーピングも……③

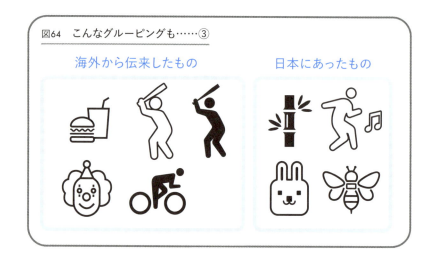

エッジケースを使って概念の範囲を縁取りする

「はい。ここまで『視点』を生み出すのが難しいということに対して、いろいろアドバイスをしてみましたが、どうですか？理解は深まりましたか？」

「うん、自分の思考をどう刺激するかが大事なんだね。思考が止まるというのは、同じ考え方をし続けて行き詰まっているだけだから、別の刺激を与えればまた動き出す、ということがよくわかったよ」

「それは良かったです。でも、最後にちゃんと付け加えておきたいことがあるんです」

まだあるのか……。正直頭が飽和状態だ。

「大丈夫です。もうそろそろ終わりますから。あと一息です」

コウゾウは僕の表情から僕がノックアウト寸前だということに気づいたらしい。

「それでは手短にいきますね。ここまでのグルーピングをざっと振り返ってみると気づくことがあるはずです。それは、物事を単純化して、２つに分けているということです。たとえば、『表情があるもの／ないもの』とか、『直線が使われているもの／使われてないもの』といった感じです」

　確かにそうだ。その点は僕もうっすらと気づいていた。

「このように、『A／A以外』という形で分けてしまうのには理由があります。言うまでもなく、それが一番手っ取り早いグルーピングの仕方だからです」

　確かにそれが手っ取り早いのは間違いなさそうだ。

「つまり、グルーピング案が見つからなかったら、一つのことに注目してAという特徴を挙げて、『A／A以外』という概念を雑でも良いのでとりあえず使ってみることです。それくらいに気軽に考えてみることで、新たなアイデアが生まれてくることもありますから」

　そう言われると、だいぶ気楽になる。

「ただし、『A／A以外』ということを使うときの注意点があります」

　コウゾウはそこで一息ついた。

「それは、『A』という概念の『切れ目』を明確にしておく、ということです」

　ん？「切れ目」を明確にする？？

「たとえば、『表情があるもの／ないもの』というグルーピングをしましたが、そもそも『表情がある』とはどういう状況なのでしょうか？　つまり、表情があるものとないものの『切れ目』はどこにあるのでしょう？」

「え？　表情があるって、表情があるってことじゃないの？？」

僕は我ながら意味不明なことを言ってしまった。ただ冷静に考えてみると、「表情がある」ってどういうことなんだろう？

「現在の9つのピクトグラムでは、そもそも顔が描かれているのがウサギとピエロしかないので、分類に困ることはありませんが、もし今後の運用を考えていくのだとしたら、その際には表情の有無に関する『切れ目』を定義しておく必要があります」

確かに、今後、顔がたくさん出てくると、表情の有無の分類が難しくなりそうだ。

「じゃあ、その定義をこれから考えていきたいのですが、どうしたらいいですかね？」

「どうしたらいいいって、定義をちゃんと決めればいいんじゃない？」

「じゃあ『表情がある』ということをどう定義します？」

「うーん、たとえば口が上向きだとか……」

「本当に？　下向きになっているのも、表情になりますよ」

確かにそうだ。笑顔だけが表情ではない。

「意外に難しいんですよね。何もない状態から頭の中だけで定義を考えるって。そんなときに大事なのが、あえて微妙な事例をぶつけて、自分でその概念の『切れ目』を認識していくことなんです。その微妙な事例のことを『エッジケース』と呼んでいます」

ヘりにある事例だから「エッジケース」か。

「たとえば、表情があるかどうか微妙なエッジケースとして以下の4つを考えてみましょう」

と言って、コウゾウは4つのピクトグラムを目から投影した（図65）。

「さあ、この4つ、表情はあるでしょうか？」


「えっと、①は明らかに表情があるよね。何かを企んでいる表情だと思う」

「はい、これは比較的わかりやすいですね。では②はどうでしょう」

「うーん、微妙だけど、『ちょっと驚いた表情』と解釈できるので、表情があると言えるんじゃないかな」

「いいでしょう。では③は？」

「これはあまり表情が感じられないな。暑さは感じている様子がわかるけど、この人が何かを表情で訴えて

図65　表情があるピクトグラムは？

いるのかはわからないかも」

「では最後。④はどうでしょう」

「ちょっと微妙だけど、何を感じているかわからなさそうという意味で『無表情』と言ってもいいんじゃないかな？」

「なるほど。理解しました。さて、では質問です。これら４つの『エッジケース』からすると、『表情がある』とはどういうことなのでしょうか」

うーん、僕は①②に表情があると答えて、③④には表情がないと答えた。この境目は何だろう？

「たとえば、③に表情が感じられないのは、眉毛がなくて口がないことに理由がありそうかな。他方で眉毛も口もある④に表情がないのは、いずれのパーツにも角度がないからかもしれない。もしちょっと口がＶ字の角度になっていれば微笑んでいるような表情に感じただろうし、眉毛がハの字に傾いていれば柔らかな表情になったはず」

「いいですね」

「また、②に表情があるのは、間違いなく口が楕円形になっていることに起因するかな」

「はい、とすると？『表情がある』とはどういうことですか？」

コウゾウは定義を求めてきた。

「えっと、そうだな。『表情がある』とは、ズバリ『眉毛、目、口のいずれかに角度や傾き、もしくは円以外の形があること』と定義しよう！」

「なるほど。つまりこういうことですね？（図66）」

「うん、ちょっと自信はないけど、言いたいことはこういうことかな」

「いい感じです。もちろん、この概念の範囲に対してさらにエッジケースをぶつけることによって、さらに概念の精度は高まるはずです。ただ、いずれにせよ、このようにエッジケースを使って、概念の『切れ目』を明確に切り分けていくってことのイメージはついたでしょうか？」

「うん、よくわかった。簡単なようで、意外に難しいんだね」

「そうなんですよ。逆にいえば、こういうエッジケースでの検証作業を経ていない分類というのは、脆いんです。欠陥構造になってしまうんですよ。だから、人

図66　概念の「切れ目」を明確にする

前に何かの構造を見せるときには、こうやって一つ一つ『切れ目』を確認して、足元のしっかりとした構造をつくっておく必要があるのです」

「土台が大事か。そのあたりは、建物も論理も同じなんだね」

コウゾウは深くうなずいた。


「さて、そろそろ疲れてきましたね。ではまとめましょう」

確かにもう頭は回らなそうだ。

「では、ここまで考えてきた『5Pの構造化の難所をどう乗り越えるのか?』という問いに対して、構造表現を使って全体像を整理をしてみましょう」

と言いながら、コウゾウは映写をした（図67）。

すごい整理だ。これを見ると、やってきたことがよく理解できた。なるほどPerspectiveをひたすら深掘りしてきたわけだ。

「タカシくんが5Pでつまずきやすいのがperspectiveだと言ったから、そのPerspectiveをより考えやすいように、『広げてから、上がって、下がる』という3つのステップと、広げるための頭の使い方として『ミクロ』と『エッジケース』という2つのキーワードを伝えてきました」

図67　5Pの一番の難所であるPerspectiveの乗り越え方

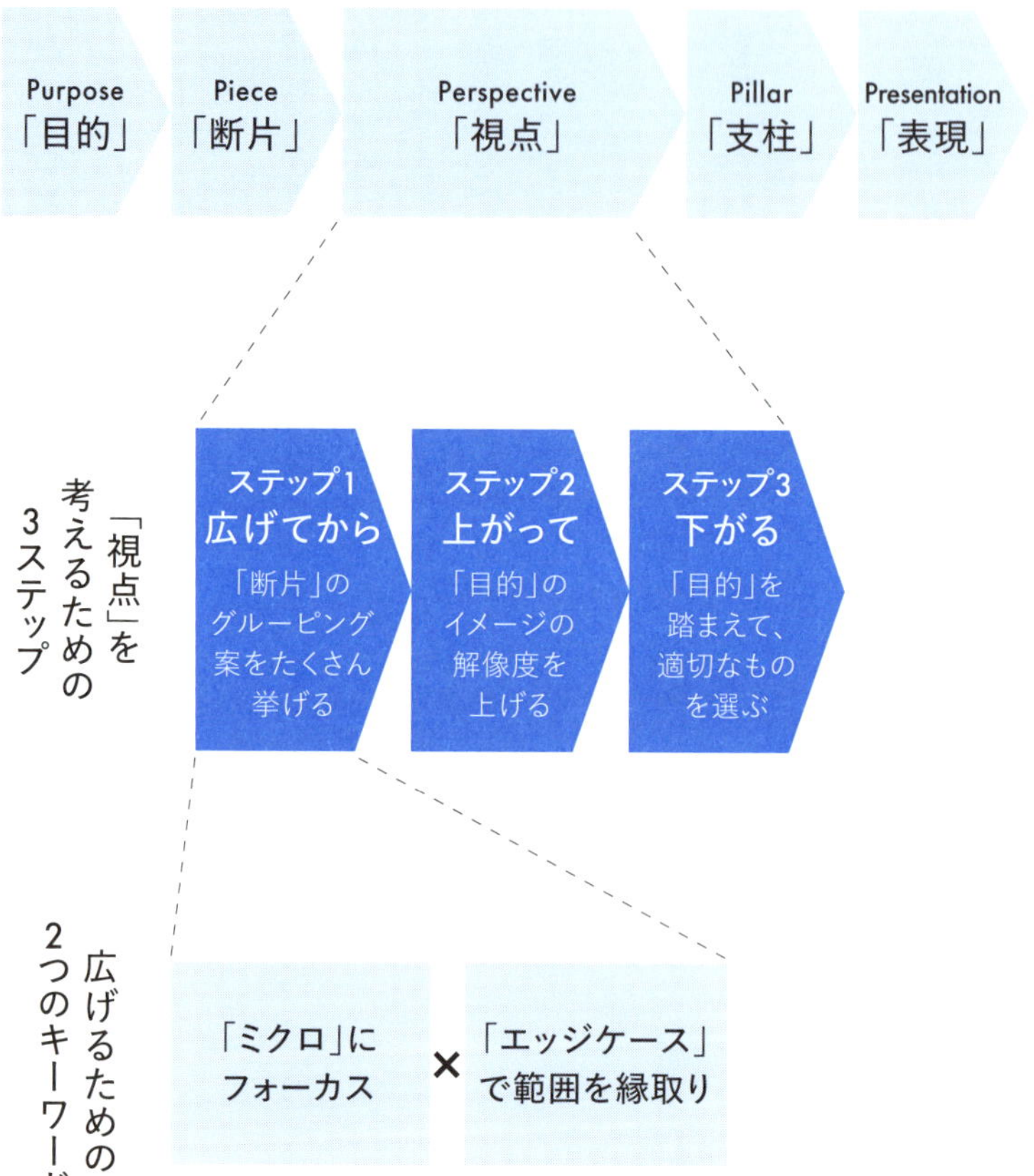

「なるほど。5Pの中でPerspectiveが重要であり、そのPerspectiveを極めるには、場数が大事だよね。でも、ただ単に場数を踏むんじゃなくて、これらの3ステップや2つのキーワードを意識して取り組むことで、だいぶ少ない場数でPerspectiveの勘所をつかめそうな気がしてきたよ」

「はい、そこまでわかれば、もうタカシくんに必要なものは場数のみです。あとはいろいろな現場に首を突っ込んで、いろんな構造化にチャレンジしてみてください。応援しています！」

1. 抽象度の高い学びは、自分の関係する具体領域まで
落とし込む癖をつける。
2.『視点』を生み出すには、『広げてから、上がって下がる』
という3ステップ意識する。
3.「広げる」で行き詰まったら、「ミクロ」に注目して
考えてみる。
4. 概念は、「エッジケース」を使ってしっかりその範囲を
切り分けておく。
わぁー
ピー

STRUCTURED THINKING

Chapter 6
構造化が持つ本質的な力

コウゾウが来た日から、今日でちょうど3ヶ月を迎える。

つまり、モニター期間の最終日だということだ。

先日、返却に関するリマインドメールも来ていた。

「とうとう今日になっちゃったか……」

僕は深いため息とともに独り言を吐き出した。

これから正式なサービスが始まるのだろうが、いったい月額いくらのサービスになるのだろうか？

たぶん入社2年目の僕が払えるような金額ではないだろう。となると、コウゾウとはここでお別れになってしまう。

しかし、僕はこの3ヶ月で見違えるような成長を遂げたと思う。最初のPurposeからベタに5Pの反復を繰り返している間に、Perspectiveがぱっと浮かぶようになり、最適なPresentationも思いつくようになった。

議論が錯綜するような会議でも、臆せずにホワイトボードの前に立てるようになったことは、僕の評判を高める要因になった。今までは誰も対面の会議でもZOOMでもホワイトボードなんて使わなかったのだが、とある会議で、僕が勇気を出してホワイトボードを使って議論の構造化をしたことから、組織の中でもその価値が認識されるようになった。それ以降は、僕がまとめ役を任されるような機会が増え、それとともに議論の構造化が注目を浴びることも増えていった。

大きく変わったのは、苦手だった矢崎さんとの関係だ。

今までは「はてハラ（はてなハラスメント）」を受け続けていたが、ある時を境に徐々にそういう態度が減ってきたのだ。

僕が明確に覚えているのは、矢崎さんととある会社の営業戦略で衝突したことだ。

その会社をA社としよう。A社はかつて矢崎さんが営業をかけたものの結局落とせなかった会社だ。しかし、そんなA社から突然僕に提案依頼があり、矢崎さんとともに営業に行くことになった。

A社は、開口一番に我が社の一番安い研修サービスXを指名して、いつにできるか、いくらまで値引き可能か、ということをストレートに聞いてきた。その話の節々から、完全に相見積もりの当て馬に使われていることが推

察できるような感じだった。

矢崎さんもその態度を読み取り、早々に打ち合わせを切り上げて、相手の要望どおりの提案をするモードに入っていた。時間効率を考える矢崎さんらしい行動だ。

しかし、僕は腑に落ちない感触を持っていた。どうも先方の課題意識からすると、もっと高い別の研修サービスYのほうが良いはずなのだ。しかし、先方は明確に最安値のXを指定してくる。実はまだ先方も課題意識を整理できていないのではないか？

そこで僕は、みんなが会議を終わらせたがっているその場の空気を無視して、課題意識に踏み込んでみた。

「すみません。ちょっとわからなかったのですが、その課題であれば、XではなくYのほうが良い提案ができます。あえてXをご指名

される背景をもう少しお聞かせいただけませんか？」

その質問に、矢崎さんから「おい」という驚きと嫌悪感の入り混じった声が微かに聞こえた。

しかし、質問を無視するわけにもいかない先方の担当者は背景を話しはじめた。

「先ほど申し上げたとおり、残念ながら我が社の社員は自発性に欠ける者が多いのです。その中で、いきなりいろいろ手の込んだ研修を提供しても、自分事として取り組んでくれる可能性は低いと思っています。だから、まずは軽めの研修から導入するのが良いと判断しました」

「しかし、軽めの研修を導入するだけでは自発性は高まらないようにも感じます。そもそも自発性が低いということはどういう状態なのでしょうか」

先方の担当者は僕からの質問に対し、あからさまに嫌そうな顔で矢崎さんの顔を見た。矢崎さんはあわてて「すみません。状況はよく理解できました。本日は持ち帰って、Xについての価格と実行可能な時期を調整してまた伺います」と、僕の発言を遮るように話して、その対話を打ち切った。

帰り道は、矢崎さんからの質問形式に見せた叱責の時間になった。

「何であのタイミングであんな質問をしたのですか？理由を教えてください」

「あの質問が与える印象をどのように考えていますか？」

「情報を取ろうという意図は評価しますが、あの質問で受注確率が高まると思っていたのですか？？？」

口調は丁寧で無表情。だからこそ恐ろしい。口頭での「はてハラ」だ。

しかし、普段はこの攻撃が始まったら従うだけの僕だが、今回は違った。

「言い方は良くなかったかもしれませんが、あそこで何もせず、Xを提案して負けるのは違うと思います。僕なりに先方の課題意識を整理して提案に臨ませてください」

と、自分でも驚くくらいの意思表示を矢崎さんにしてしまったのだ。

矢崎さんは一瞬動揺した表情を見せた。

顧客の要望を鵜呑みにせず最後まで考えてみるという僕の姿勢は、頭から否定できることではない。しかし、相手に嫌な顔をされるようなことは言うべきではないという矢崎さんなりの仕事観もある。その動揺の裏側に、矢崎さんの葛藤が読み取れた。

矢崎さんは一呼吸置くと、やれやれという表情を見せて、言った。「まあ、あなたがそう言うなら任せましょう。やってみればいいと思いますよ。その代わり、先方に失礼のないようにお願いしますね」

その時点で僕に何かアイデアがあったわけではない。しかし、5Pという概念を使ってチャレンジしてみたいという欲求が勝ったのだ。

次の提案では、提案書の冒頭に、まずXについての見積もりを入れて、先方の要望に応えた。そのうえで、ここから構造化の知恵を活用した。先方のこの研修導入に関する目的を仮置きしながら、先方の研修以外のソリューション全体像や判断軸を洗い出し、ソリューション候補と判断軸を切り分けて、構造的に先方が考えるべき解決策の全体像を提示したのだ。

先方は、当初はXの話を聞くだけのつもりだった様子だが、それ以降の提案内容に興味を示して、最終的にはいろいろなことを語りはじめてくれた。

「いや、ここに書かれている問題意識は正しくないんです。もっと正確に言うとですね……」

「実は、当社ではもうすでにこのオプションはやっているのですよ。ただ、実際にはあまりうまくいってなくて……」

など、あらためて多くの情報を得ることができたのだ。

先方の課題意識から提案内容までを一枚の紙に可視化して表現するだけで、これだけの多くの情報を引き出すことができるのだ。僕はその力を改めて強く感じた。

しかし、営業そのものは失注に終わった。やはり相見積もりにおける当て馬であることは変わらなかったのだ。

当たり前だが、そんなにいきなりうまくいくはずがない。

ただ、面白いのはそこからだ。先方からのお断りメールに続きがあった。

「実は本件とは別の話になるのですが、次年度に新しい社内施策の導入を検討しております。そこに検討段階から入っていただくことは可能でしょうか？」という大型案件につながる可能性のあるオファーをいただいたのだ。

これまでの僕なら単なる形式的な提案だけで終わっていたのに、今回は新たな大型提案を引っ張り出せた。「タダでは転ばない」というのは営業として当然の行動ではあるが、なかなか結果につながるものではない。

この事実は、組織内でも共有され、その際に僕が作った資料も「ベストプラクティス」という位置づけでシェアされた。

ホワイトボードの整理で着目されはじめていた構造化の技術が、決定的に注目を浴びるようになったのは、このＡ社への提案資料からだ。

そして、この一連の僕の行為を間近で見ていた矢崎さんは、それ以降、僕に対して詰問することがなくなってきた。今までは愚鈍で従順だと思っていた部下が、実は意外に手強い存在だと思うようになったのかもしれない。下手に詰問すると、返り討ちにあうかもしれない、なんて。

相変わらず慇懃で嫌味であることに変わりないが、僕にとってはあの「?」の連続がなくなっただけで、気持ちがだいぶ楽になった気がしている。

実際に僕は手強い存在になったのかどうかわからない。

しかし、とにかく5Pを使って複雑な事象を構造的に整理をしたいという欲求は強くなってきた。だから、みんながよくわからない理由で納得したような顔をしたり、放置しているような案件に、どんどん首を突っ込み始めている。手強いというより、面倒くさいと思われているのかもしれない。

そういったことも含めてこの3ヶ月を振り返れば、ものすごく僕を見る周囲の眼差しは変わってきたような気がする。今までは「組織のお荷物」的な見られ方が多かった。しかし、最近は「人と違って面白いことを言う若手」に変わってきているのかもしれない。これは僕がそう感じているだけで、実際はわからないけど。

少なくとも僕自身の仕事に対するマインドセットが変わったことは間違いない。

3ヶ月前は、自分のタスクの優先順位をつけるだけで疲弊していたのに、今は自分のタスクを構造的に捉えることによって、仕事を追いかけるようなスタンスに変わってきたのだ。

これも全てはコウゾウのおかげだということを考えると、コウゾウを返却しなくてはならないのは惜しい。今日が最後になるのは寂しすぎる。

でも、どうせ今日で終わりならば、ちゃんとコウゾウにこの感謝の気持ちを伝えておきたい。

そんな気持ちを持ちながら、僕はコウゾウのスイッチを入れた。

「おはようございます！」

コウゾウは僕の気分とは裏腹に、元気の良い声を出した。

「おはよう。相変わらず元気だね」

「はい、私は元気です。タカシくんは元気がないんですか？」

「うん、ちょっとね。コウゾウは知ってるのかな？ 今日が僕の家での最終日だということを……」

「あ、そうなのですね……。まあ、正直知ってはいました」

知っていながら、芝居していたのか。

「ちなみに、コウゾウは僕のところに来る前にはどこかへ行っていたの？」

「うーん、実はわからないんです。個人情報保護の観点で、契約が終われば私の記憶は全て消去されるようなんです。個人情報を消した形でデータは全てクラウド上に残っているのですが、それが私の個人的な記憶かどうかは消されているのでわからないんです……」

「ってことは、僕のことも忘れちゃうんだ」

「はい、残念ながら……」

そういうことだろうとは思っていたが、コウゾウと僕の関係もなかったことになってしまうのは寂しい。

「もちろん、モニター期間を終えて、正式なサービスとして契約をしていただければ、データを継続利用することは可能になるはずです。だから記憶も残ります」

そういうことか。うーん。

この微妙な感情は、僕がコウゾウをどのように見なしているのか迷っているところにもあるのだろう。

もしChatGPT的な利便性の高いロボットとして見るのであれば、彼の記憶などはどうでもいい。聞いたことに対して的確に答えてくれればいいだけだからだ。

しかし、もし人間関係的なものを求めるのであれば、記憶というものは重要になる。

僕はコウゾウをどちらの存在として付き合ってきたのだろうか？

コウゾウをChatGPTとして捉えるのなら、気持ちとしてはずいぶん楽なのだが。

聴く力を高めるには構造化思考が重要

いや。

僕は首を振った。こんなことで悩んでいても時間は過ぎるだけだ。

コウゾウの意味づけを振り返るのは、コウゾウとの時間が終わってからでもいい。

今日は、コウゾウと語り合いたい。

僕の中には、コウゾウから学んだけれどまだ言葉になっていないモヤモヤとしたものがある。これを整理するためにも、コウゾウ相手に語ってみたいのだ。


「今日の残りの時間で、コウゾウから学んだことを、ちょっと僕なりに語ってみてもいいかな？　語ることで整理したいんだ」

「はい、いいですよ」

「今まで、5Pという概念を使って、物事を構造的に捉える考え方を教えてもらったよね。それで仕事はだいぶ整理できるようになったし、相手が言っていることもだいぶ理解できるようになってきたと思う。実は、この構造化の技術を身につけてから、聴く力も身についたような気がするんだ」

「え、それはどういうことですか？」

「聴く力が大事だってずっと言われているじゃない？　それはわかるんだけど、僕は相手の話を聴くことができなかったんだよね。たとえば、営業現場で、相手の話を聴いたら負けだ、というくらいに思っていたんだ」

「え、それはまたどうしてでしょう？」

「相手の話を聴いたところで、それをちゃんと整理して、その要望を受けた返答をすることができなかったからなんだ」

「なるほど。聴く以上はちゃんとお返しをしなきゃいけない。でも、お返しをすることができないんだったら、聴く意味がない、ということですね」

「そう。だから、相手の話を聴かなくてもい

いように、とにかく間を空けずに一方的に話すようにしちゃうんだ。でも、最近は相手のメッセージをちゃんと整理することができるようになった。そして整理することによって、相手が気づいていないような示唆も与えられるようになったんだ。少なくともその自信がついた。そうなって初めて、『もっと聴いてやろう』と思えるようになったんだ」

「すごい。それは営業としてもすごい変化ですね」

「うん。でも、たぶん同じような理由で、『人の話が聴けない』という人は多いんじゃないかな。**そこで大事なのは、聴くことの重要性を語るのではなくて、構造化スキルを高めること**なんだと思うよ」

「そうかもしれませんね。そして相手もタカシくんに話せばいろいろなアイデアが生まれるから、タカシくんに話したくなる。相乗効果ですね」

「たぶん、すごい営業の人とかコンサルタントとかは、そういうことなんだと思う。提案が上手なんじゃなくて、相手の話を構造的に整理することが上手だから、その人にまた相談したくなる。そういうことなんだろうな」

僕は先日のA社での成功事例を頭に思い浮かべながら語っていた。

本質はジャンプ力にある

「それに加えて、僕にはちょっとわかりかけているような気がするんだ。5Pは本質ではないということが」

「ほう。面白そうです。どういうことですか？」

「まだあんまり言葉にできていないんだけど、話してみるね……。なんだかね、この3ヶ月間、いろいろなことを構造化しようとしてきた結果、だいぶ世の中に対する見方が変わったような気がするんだ。何というのかな。ちょっと上から見られるようになったというか……。これを一般的には俯瞰というのかもしれないのだけど」

「なるほど」

「たとえば、今までだったらアイデアが浮かんだら、次の瞬間にはどうやって相手を説得しようかって考えていたんだけど、今は5Pが頭をよぎるんだよね。つまり、そのアイデアを提案する目的は何だろうとか、それ以外のアイデアにはどういうものがあるだろうか、そのアイデア群たちをどうやって整理してどうやって見せればいいんだろうか……といったことを頭の中でぱっと考えるようになってきたんだ。そのプロセスにいるときって、自分のことを高いところから見下ろして考えているような感覚なんだよね。これが俯瞰ていうことなのかなと思ったんだ」

「はい。その考え方は、いつかも申し上げたとおり、自分を批判的に見るという意味で、『クリティカル・シンキング』そのものですね」

「そうか。これを『クリティカル・シンキング』というのか。確かにそう言ってたね」

「はい、思い出してくれましたか？　そして、自分を批判的に見るためには、私はそれなりの筋力が必要だと思っているんです」

「筋力？」

「はい。たとえば、今ここに自分がいるとするじゃないですか」

と言いながら、コウゾウは卓上にあったガチャガチャで当てたクマのフィギュアを指した。

「で、この自分を、この位置から見つめないとダメなんです」

今度は、コウゾウはウサギのフィギュアをジャンプさせるようにそのクマの上にかざした。

「この視界に立つことができれば、自分自身のことも違う視点で見ることができますよね。でも、ここに立つことがとても難しいんです。なぜならば、この最初のアイデアが絶対だと思ってしまうからなんです」

「なるほど。自分のアイデアが正しいと思ったときであっても、高いところまでジャンプできるか、ということが大事ってことか。そうやってジャンプするためには、跳躍するための筋力が必要だと」

「タカシくんは最近自分のアイデアが浮かんだときも、5Pでチェックするようになったと言ってましたが、これは毎日スクワットとかバーピージャンプをやって鍛えているようなものなんです。そうやって鍛えていれば、足におもりがついていたり、足場が悪い時でも、高くジャンプできるはずなんです」

「なるほど。自分が『これだ』と思いついちゃったとき、まさにそれは足におもりがついたような状況なんだろうけど、そんな状況でどれだけジャンプできるかが問われているわけだ」

コウゾウのメタファーはイメージが湧きやすくていい。僕は必死に跳躍力を高めているわけだ。

「そういえば、それで気づいたことがあるんだ。伝わるかどうかわからないんだけど、自分を高いところから見るようになってから、自分の意志の力をそれほど重要視しないようになってきた気がするんだ」

「意志の力、ですか？」

「うん。自分を高いところから俯瞰的に見ると、自分自身がどういう構造にいるのか、というのが見えてくる感じがするんだ」

コウゾウは興味津々といった表情で次の言葉を待っている。

「たとえば循環図とかを作るとね、自分がいかにちっぽけな存在かが理解できるんだ。自分はしょせん、その大きな循環構造に囚われた力なき存在ではないか、とね」

「なるほど」

「先日も、営業先で先方の組織課題をチラッと話してもらったことをきっかけに、循環図を描いてみたんだよね。そうしたら、かなり根深い問題だということがわかってさ、うちの人材育成サービスの提案依頼の金額がかなり上がったんだ」

「それはすごいですね！」

実はまだ受注には至っていないのだが、依頼金額が上がったのは素直に嬉しい。

「タカシくんのように考えられるようになると、世の中の見え方変わりそうですよ。たとえば、よく『うちの会社の変革が進まないのはあのバカな役員のせいだ』みたいな愚痴をＳＮＳで見ることがあると思います」

「うん、そういえばさっきも見たばかりだ」

「ただ、その役員は、本当にバカだったのか、という問いが立つ気がしません？」

「あ、わかる。つまり、その役員も、何かの大きな構造に囚われて、バカと思われるような振る舞いをせざるを得なかったのではないか？ということだよね。それと同時に、自分が当事者だったら、バカと言われない行動をとることができたのだろうか？とも考えるようになった。しょせん、僕の意志なんてちっぽけなものだから」

「そうなんです。責任をその役員の属人的な能力とか意志に押しつけてしまうのは簡単です。そして、実際にその可能性もあるでしょう。しかし、もう少し私たちは構造そのものにも注意を払わなくてはなりません。これも、『跳躍力』がないとできないことなんです」

「なるほど。その役員への感情を振り切って、ジャンプしないと構造は見えてこないよね」

コウゾウはうなずいた。

「あ、ちょっと思いついたんだけど、『構造的思考』の反意語として『属人的思考』ってどうかな？」

「『属人的思考』？」

「うん、自分とか具体的な他者の属人性にこだわって考える思考のことね。もちろん、『属人的思考』が悪いわけではない。でもそれが強くなりすぎると、『構造』を見落としちゃうと思うんだ。だから、『属人的思考』と名づけることで、自分が構造を見失っているときの戒めになるかな、と」

「めちゃくちゃいいじゃないですか。それ、いただきです」

　そう言って、コウゾウは目をぐるぐる回した。この瞬間は僕にとって嬉しいひとときだ。コウゾウの記憶からは抜けてしまうかもしれないけど、クラウド上には僕の知恵は残り続けるのかな。

「もし本気で会社の変革を考えるのであれば、その具体的な役員にこだわっている以上は難

しいよね。憎い役員の姿はいったん忘れて、その裏側にある無味乾燥で抽象的な構造を読み解く必要があるんだよな……」

僕は矢崎さんの顔が頭に浮かんでいた。矢崎さんもあの「はてハラ」は何かの構造に囚われた結果なのだろうか？僕も同じポジションに立ったとき、部下に似たようなハラスメントをしないと言い切れるのだろうか……。

僕はそれを理解するためにも、そのうち矢崎さんの置かれたシチュエーションを構造化してみようと思った。Purposeは矢崎さんとの関係を良好にするためだ。

「考えてみると、僕たちの周りは常に属人性で溢れ返っているよね。具体的な人と人同士が影響し合って、一つの仕事を生み出し、会社をつくりあげている。だからこそ、僕たちは何かが起きたとき、まず『属人的思考』から入るわけだ。もし会社でハラスメントがあったとき、まずそのハラスメントを行った具体的な張本人に対して『あいつ、ふざけるな！』という感情が起きる。まあ当然のことだよね。でも、その属人性を乗り越えた裏側に、そういったことを生み出している抽象的な構造があると思うんだ」

「非常に哲学的ですね。でも本当にそう思います」

「一般的にウケがいいのは、『属人的思考』だと思う。自分の意志で何とかできる！というのは自己啓発書の王道だし、目に見えるからわかりやすい。『構造』は、抽象概念でわかりにくいし、高いところから事象を見下ろす視点だから、『上から目線』とか言われたり、どこか冷めてるように思われるしね」

「はい。実際にそういう弊害もあると思います。でもやっぱり大事なんです」

「どっちか、ではなく、どちらも、だね」

「ところで、タカシくんはビル・ゲイツやスティーブ・ジョブズを知っていると思いますが、彼らがＩＴ業界を切り拓くリーダーになった大きな要因は何だと思います？」

唐突にコウゾウが話を変えた。

「え？ジョブズにゲイツでしょ？それは、彼らの明晰な頭脳やセンスだけじゃなくて、あきらめずに努力した胆力、かな？」

「はい、それは『属人的思考』で考えれば正解かもしれませんね」

「あ！そうか、『構造的思考』でも考えなきゃか……」

「はい、そのとおり。『構造的思考』で考えると、答えは、彼らが１９５５年に生まれたから、なんです」

ああ、そういうことか。

「もし彼らが１９５０年に生まれていても、１９６０年に生まれていても、マイクロソフトやアップルはできなかったはずなんです。１９７５年１月がパーソナルコンピュータの夜明けであり、そのタイミングでちょうど自分のキャリアをゼロから考えられる状態であること、つまり１９５５年前後に生まれていることが何よりも大事だということなんですよね」

つまり、時代的にそういう構造があったと……。

「そして実際にIT業界のレジェンドとなっている人物たちの生年を見てみると……」

と言いながら、コウゾウは映写した（図68）。

「このように、この業界の時代の寵児たちは、揃いも揃って1955年前後に生まれているのです。もし、ビル・ゲイツがマイクロソフトを起業しなくても、同じような1955年前後生まれのロジャーさんとかジェイムスさんあたりが似たような企業を創業していたでしょう。もちろんゲイツやジョブズに何の力もなかったと言いたいわけではありません。そして、言うまでもなく、1955年に生まれていた全員がそうなれたということでもない。ゲイツやジョブズの才能は疑う余地のないこ

図68　IT業界のレジェンドたちの共通点は？

ビル・ゲイツ　　　　：1955年10月28日生まれ

スティーブ・ジョブズ：1955年2月24日生まれ

スティーブ・バルマー：1956年3月24日生まれ

エリック・シュミット：1955年4月27日生まれ

出典：『天才！成功する人の方法』マルコム・グラッドウェル

とでしょう。しかし、彼らの成功の裏側に、そういう構造があったということです」

「なるほどね。今聞いていて思ったんだけど、『構造的思考』って、やっぱりちょっとした不快感を伴う側面があるよね。やっぱり、ジョブズとかの属人的な才能を語りたい。でも1955年生まれだからと言われると、身も蓋もないというか、夢も希望もない不愉快な結論と感じる人もいるかもしれないね」

「はい。でも、この不愉快さから目を背けてはいけません。どれだけ足掻いても、裏側に存在する構造の影響から逃れることはできないのです。だからこそ、私たちは、どんな崇高な意志を持っていようが、とある構造に置かれた瞬間『バカな役員』にもなりうるのです」

コウゾウは深くうなずいた。

「そうだね。目に入る『属人的』な出来事を尊重しつつも、それを乗り越えて、5Pを駆使しながら目に見えない『構造』を読み解く努力をするしかないんだね」

「最後に、私の好きな言葉を紹介させてください。オランダ発オンラインメディア『De Correspondent』の創設者ロブ・ワインベルグが語った言葉です」

コウゾウは一拍置いて語りはじめた。


「例外を見る代わりに、ルールを見よう。

事件を見る代わりに、構造を見よう。
今日を見る代わりに、毎日を見よう」

「ああ、良い言葉だね。目に見えるキャッチーなことばかりに引っ張られずに、その本質を見ようということだね」

「はい。そのとおりです」

外はだいぶ暗くなってきた。

僕はそろそろ時間がきたことを感じていた。

今日中に、コウゾウの返送手続きをしなくてはならないのだ。

「コウゾウ、今までありがとう」

僕は名残惜しい感情が湧き上がる前に唐突にコウゾウに手を差し出した。

コウゾウの手はゴム製のはずだったが、そうは思えないくらいの繊細な感触がした。

僕は握手のさじ加減がわからなかったが、コウゾウが思いのほか強く握り返してきたので、僕も力を入れて握手をした。

3ヶ月前を振り返ると、もはや遠い昔のことのような気がする。全く仕事のことがわかってなかった僕がここまで考えられるようになったのだ。もちろんまだまだだが、少しだけ跳躍力がついて、ちょっと高いところから物事が見えるようになった。矢崎さんとの関係もまだ改善の余地はありそうだ。

仕事にも人間関係にも悩んでいたことを考えると、コウゾウには感謝しかない。

僕はコウゾウの手を離し、そのままハグをした。そして、ハグをしながら頭の右についているスイッチを強く押した。僕の腕の中でコウゾウの力がフッと抜けていった。

もはや表情のなくなったコウゾウをプチプチに包んでボール箱の中に入れ、返送用の伝票を貼った。

これで本当のお別れだ。3ヶ月、ありがとう。

僕はまたボール箱をハグするように抱え、感謝の言葉をつぶやいた。

おわりに

最後までお読みいただきありがとうございました。

最後にこの作品の作者である私から、簡単にご挨拶をさせてください。

本当はここで自己紹介……とできればいいのですが、実は私は自己紹介が苦手なんです。

もともと、人前で自分のことを語るのが嫌いということもあります。好きな本のことをしゃべることに全く抵抗はありませんが、己のことを語るのはちょっと恥ずかしい。

でもそれだけではなく、自分が何をやっているか、ということを表現する適切な言葉がないのです。

明確に「これをやっている」ということがあればいいのですが、やっていることは多種多様。大学で教授として学生に教えている日もあれば、スタートアップのアドバイザーをしている日もある。札幌で馬と戯れていることもあるし、過疎化が進む北海道浦幌町で一次産業の方々と語り合っていることもある。VoicyやPodcastで音声配信もやっていますし、ウェブメディアの連載や書籍執筆も僕の仕事の大切な要素です。

正確に肩書きを書き出してみると、株式会社学びデザイン代表取締役／武蔵野大学アントレプレナーシップ学部教授／株式会社フライヤーアドバイザー兼エバンジェリスト／一般社団法人十勝うらほろ樂舎ラーニングデザイナー／株式会社ＣＯＡＳアドバイザー／金沢工業大学 客員教授／グロービス経営大学院 講師／Voicy「荒木博行のBook Cafe」パーソナリティ／Podcast「超相対性理論」パーソナリティ……というように、延々と続いてしまいます。

私が設立した株式会社学びデザインは、「学びの裾野を広げる」という企業理念を掲げています。この抽象的な理念に関係することで面白そうなことがあればどんどん関わっていくので、結果的に何をやっているのか人にわかりやすく説明することが難しい。これが私が自己紹介が苦手な理由です。

ただ、その多様な仕事の中で、その根幹を支えているスキルがあります。

それこそが、本書のテーマであった「構造化」です。

私の仕事を抽象化すると、Voicyなどの音声配信や企業のアドバイザリー活動、経営者コーチングなどに代表される「語ること／対話すること」、書籍執筆やメディア連載などの「書くこと」、そして企業の戦略づくりや学びのための場づくりを考える「企画すること」という3つに分けることができます。

しかし、この3つは一見バラバラのように見えますが、本質は一つのスキルに帰結します。それが「構造化」です。

たとえば、人前で語ったり対話するときには、自分や他者の考えを構造的に捉えることが重要になりますし、書くこともメッセージ構造から考えることが大事です。企画においては、環境変化を捉えながら本質的な論点を構造的な視点で見出すことが必須です。

私はキャリアの途中でこの構造化というスキルの重要性に気づき、それを意図的に鍛えてきました。

私がこの構造化スキルの重要性を実感したのは、若き日の話です。

それは短期留学でIMDというスイスのビジネススクールに通っていた時のこと。英語が流暢に話せない私にとって、少人数のグループディスカッションは苦痛以外の何ものでもありませんでした。

言っていることは何となくわかるけれど、そこでカットインするための言葉に躊躇している間に、別の人が話しはじめて、どんどん話が変わっていってしまうのです。欧米人はみんなロジカルなんじゃないかと考えている人もいるかもしれませんが、そんなことはありません。洋の東西を問わず、その場の感情で好き勝手なことを語りたい人が多いのです。

もっと本質的な議論をすればいいのに、その指摘ができずにもどかしい……。

そんな私にとって一つの救いは、ホワイトボードの存在でした。

みんなが好き勝手にグチャグチャ話していることを、ホワイトボードを使って構造的に可視化していくわけです。時にマトリクスを使ったり、ツリー状やピラミッド状に構造化したり。

初期状態の議論をグチャグチャな「スパゲッティ」にたとえるならば、仕上がりは「寿司パック」のイメージでしょうか。ネタとシャリがしっかり分かれて、そしてパックの中の握りが整然と並んでいる状態です。

私はそんな「スパゲッティ」のような議論を、「寿司パック」に整えることに、自分の存在意義を見出しました。

そして、私は認識したのです。適切な言語表現ができなくても、構造の力はその言葉を補って余りあることを。そして、この構造化スキルというのは、言語も年齢も超えて、人間同士がコミュニケーションをしていくうえで重要なコアスキルなのだということを。

その経験を経て、私はそれまで自分でも注目してこなかったこの構造化スキルをもっと自覚的に意識して、磨きをかけていくことを決意しました。

つまり、物事が複雑な状態のまま散らかっている場面に、自分の身を積極的に置いてみるのです。そうすれば、サバイバルスキルとして自分の構造化力が鍛えられていくはずですし、またその即興作業を通じて参加者のエンゲージメントが高まるかもしれない。訓練と実用を兼ねた一石二鳥です。

そう考えてからは、日々が構造化のチャレンジの現場になりました。

収録用の対話の場面においても、あえてアジェンダを決めずに自由に対話するスタイルをとるようになったり、授業においても全くスライドを使わずに対話形式で進めたりするようになりました。

とある上場企業の役員合宿でビジョン策定のお手伝いをするときも、フリーディスカッションの時間を長くとり、即興でその場の意見を可視化しながら、役員の意見を構造化するというチャレンジを行ったりもしました。

そのように逃げ場のない場面で、引き出した意見を即興で構造化していく——本書は、こういった場数を重ねてきた私が、即興で構造を作る瞬間に自分自身の脳内で何を考えているのか、ということを構造化したものです。

言ってしまえば、「構造化技術の構造化」ともいえるのかもしれません。

実は、この「構造化技術の構造化」にチャレンジしたのは、本書が最初というわけではありません。私がアドバイザーを務める株式会社フライヤーのflier book campというプラットフォームにおいて、「ストラクチャード・シンキング」という講座を開設しており、そこで既におおよその形をつくっています。そして、その同じ内容を、武蔵野大学アントレプレナーシップ学部の学生向けの授業でも教えています。

今回の書籍は、その受講経験者（おそらくビジネスパーソンと学生合わせて数百人くらい）とのディスカッションやアウトプット内容を見返して、どこでつまずいているのかその難所を客観的に把握したうえで、再度フレームワークをゼロベースで見直したものになります。講座を受けた方は読めば気づくと思いますが、講座で伝えた内容から、かなりアップデートが施されています。

もともとはPurpose/Premise/Parameter/Partsという4Pでした。結局残ったのはPurposeだけで、それ以外の3Pは全て交代となり、最後にPresentationというPが加わったのです。この期間、Pから始まる単語をたくさん探しました（笑）。

そういう意味でいえば、本書の内容は、私の経験に基づいた「構造化技術の構造化」

を、まず講座としてプロトタイプ化し、そしてその反応を受けて大幅モデルチェンジを行った最新版ともいえる内容です。（しばらくPから始まる単語を探さなくて済むと思うと、ホッとします・笑）

ちなみに、本書は、もともとは普通のビジネス書として書くつもりでした。

しかし、いったん最後まで書き切ったものの、「何か物足りない」と感じてしまった。そこから思い悩んだ挙げ句、コウゾウというロボットを登場させたストーリーに一から書き換えた、というのが経緯です。

ストーリーをベースにしたビジネス書という意味では、以前も『藁を手に旅に出よう』という書籍を文藝春秋から出しましたが、それに続くストーリーものです。

今回のコウゾウくんは本格ローンチ前のモニターサービスでしたが、今後本格的にサービス化されるようなときが来たら、ぜひ皆さんも契約してみてください。たぶん一度使ったら返すことができないハードウェアに進化していると思います（笑）。

最後に、本書に関わった方へのお礼です。

本書は、ディスカヴァー・トゥエンティワンの千葉さんからお声がけをいただきスタートしました。千葉さんは、２０１８年の拙著『見るだけでわかる ビジネス書図鑑』シリーズを世に送り出してくださった恩人です。「また何かやりましょう」と言っていただいていましたが、こういう形で再び仕事ができたことを嬉しく思っています。

株式会社フライヤーの執行役員である久保彩さんは、flier book campでの「ストラクチャード・シンキング」開講のお手伝いから、第一稿の感想まで、様々な形でサポートいただきました。

そして、その「ストラクチャード・シンキング」の講座を受けた受講生、武蔵野大学アントレプレナーシップ学部の「クリティカル・シンキング」の受講生のアウトプットからも多くのヒントを得ました。あらためて皆さんに御礼申し上げます。

また、原稿のチェックをいただいた株式会社フライヤーの皆さん（石原さん、岡さん、江成さん、金子さん、中田さん、溝口さん、林屋さん）も忙しい中ありがとうございました。

最後に、この執筆活動を支えてくれている妻の昌子と、息子の創至、大志にもこの場を借りて感謝します。君たちもそろそろ僕の本を読んでくれ。

２０２５年２月　荒木 博行

また会う日まで！

構造化思考のレッスン

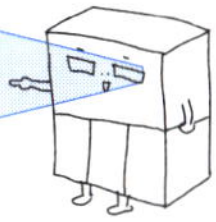

発行日　2025年2月21日　第1刷
　　　　2025年3月19日　第2刷

Author & Illustrator　荒木博行

Book Designer　新井大輔　中島里夏（装幀新井）

Publication　株式会社ディスカヴァー・トゥエンティワン
〒102-0093
東京都千代田区平河町2-16-1 平河町森タワー11F
TEL　03-3237-8321（代表）03-3237-8345（営業）
FAX　03-3237-8323
https://d21.co.jp/

Publisher　谷口奈緒美
Editor　千葉正幸

Store Sales Company
佐藤昌幸　蛯原昇　古矢薫　磯部隆　北野風生　松ノ下直輝
山田諭志　鈴木雄大　小山怜那　藤井多穂子　町田加奈子

Online Store Company
飯田智樹　庄司知世　杉田彰子　森谷真一　青木翔平　阿知波淳平
大崎双葉　近江花渚　舘瑞恵　徳間凜太郎　廣内悠理　三輪真也　八木眸
安室舜介　古川菜津子　高原未来子　千葉潤子　川西未恵　金野美穂　松浦麻恵

Publishing Company
大山聡子　大竹朝子　藤田浩芳　三谷祐一　千葉正幸　中島俊平
伊東佑真　榎本明日香　大田原恵美　小石亜季　西川なつか
野﨑竜海　野中保奈美　野村美空　橋本莉奈　林秀樹　原典宏
村尾純司　元木優子　安永姫菜　浅野目七重　厚見アレックス太郎
神日登美　小林亜由美　陳玟萱　波塚みなみ　林佳菜

Digital Solution Company
小野航平　馮東平　宇賀神実　津野主揮　林秀規

Headquarters
川島理　小関勝則　田中亜紀　山中麻吏　井上竜之介　奥田千晶
小田木もも　佐藤淳基　福永友紀　俵敬子　三上和雄　石橋佐知子
伊藤香　伊藤由美　鈴木洋子　照島さくら　福田章平　藤井かおり　丸山香織

Proofreader　株式会社T&K
DTP+図版作成　荒井雅美（トモエキコウ）
Printing　中央精版印刷株式会社

ISBN978-4-7993-3126-2
KOUZOUKASHIKOU NO LESSON by Hiroyuki Araki　©Hiroyuki Araki, 2025, Printed in Japan.